LOS MATRIMONIOS
GENIALES
NO SON
UN ACCIDENTE,
LOS DESASTROSOS TAMPOCO

GABRIEL Y ELISABETH SALCEDO

LOS MATRIMONIOS GENIALES NO SON UN ACCIDENTE, LOS DESASTROSOS TAMPOCO

Tyndale House Publishers, Inc.
Carol Stream, Illinois

Visite Tyndale en Internet: www.tyndaleespanol.com y www.BibliaNTV.com.

TYNDALE y el logotipo de la pluma son marcas registradas de Tyndale House Publishers, Inc.

Los matrimonios geniales no son un accidente, los desastrosos tampoco

© 2015 por Gabriel y Elisabeth Salcedo. Todos los derechos reservados.

Originalmente publicado en el 2013 por Ediciones Noufront, con ISBN 978-84-15404-71-2.

Fotografía del autor © Gabriel Salcedo. Todos los derechos reservados.

Fotografía del autor © Elisabeth Salcedo. Todos los derechos reservados.

Diseño de la portada: Iván Tempra. www.ivantempra.com. Todos los derechos reservados.

Diseño del interior: produccioneditorial.com

ISBN 978-1-4964-0189-2

Impreso en Estados Unidos de América

Printed in the United States of America

21   20   19   18   17   16   15
7   6   5   4   3   2   1

*A Iván, por animarse a comprometerse
en esta hermosa aventura llamada matrimonio junto a Jenna.*

A Teté y a Agustín.

*A Ronaldo y a Gloria por demostrarnos que es posible
tener un matrimonio genial.*

*Y a todos los matrimonios desastrosos que nos asustaron
y nos llevaron a replantearnos este vínculo.*

Índice

CAPÍTULO 1:

EDADES DEL AMOR ENTRE DOS PERSONAS

*El amor conyugal no es una
realidad estática, sino dinámica:
evoluciona con el paso de los años.*

Gerardo Castillo

Edades del amor entre dos personas

Hace unos días conversaba con un amigo sobre su casamiento. No sé si es un tema que está presente en las conversaciones de los hombres, pero en este caso nos permitimos hablar sobre lo que implica el matrimonio "con todas las letras". Mi amigo me decía que él no creía que los papeles y la iglesia sean determinantes a la hora de casarse. Es más, había experimentado el fracaso de muchos amigos que, aun habiendo realizado todos los pasos esperados frente a la sociedad y frente a Dios, la cosa no había funcionado.

Los sitios web de encuentros ocasionales afirman que la fidelidad matrimonial solo dura un promedio de cuatro años y que la cantidad de divorcios iguala a la cantidad de casamientos. Parece que la intuición de mi amigo tiene un dejo de realidad. Los papeles y el vestido blanco no aseguran ningún matrimonio. Sin embargo, aún creo (y en esto me considero un clásico) que estos eventos son parte de un proceso mayor. Un proceso que comienza mucho antes de la boda y que continuará, dependiendo del disfrute y del compromiso entre dos, que son los protagonistas de esta aventura.

A pesar de las estadísticas, creo en el matrimonio. A pesar de la boda y del vestido blanco, creo en el matrimonio. A pesar de los divorcios, creo en el matrimonio. Porque simplemente creo en el amor. Esto explica por qué muchas personas caen en sus garras, vez tras vez, habiéndose prometido no enamorarse nunca más.

Mi amigo se terminó casando. Demostró ser un creyente en el matrimonio. ¿Por qué será que las personas se siguen casando? ¿Será simplemente porque no podemos dejar de amarnos?

Edades del amor entre dos personas

Como seres humanos nacemos y crecemos. Nos vamos desarrollando desde un estadio prenatal hasta la ancianidad, pasando por la infancia, la adolescencia y la adultez. De la misma manera, el amor entre dos personas tiene un proceso de madurez: crece hasta lograr su plenitud.

¿Se puede hablar de edades del amor? ¿Podemos identificar momentos clave en el ciclo vital matrimonial? ¿Qué elementos aparecen en cada etapa que no se repiten en otras? Pensemos juntos alrededor de este planteamiento.

En el principio fue... el encuentro

Las personas que anhelan y deciden estar juntas, crecen. No solo en conocimiento mutuo, sino también en el compromiso de acompañar al otro a desarrollarse como ser humano en cada aspecto de su vida. Saber que la persona que está a mi lado no tiene una mirada egoísta, sino que poco a poco se está donando a sí misma, me da seguridad para poder donarme yo también y así crecer en el amor. Se crece individualmente y se crece como pareja al desarrollar una mayor comunicación, una mayor entrega. ¡Esto hace que esta aventura sea interminable!

El amor tiene la posibilidad de crecer o decrecer. A medida que vamos progresando en el compromiso por el otro, ese amor crece y recorre etapas. Estas etapas tienen colores diferentes porque buscamos ser creativos para no caer en el "mal amor" (el que nos distrae y nos lleva a mirar otros horizontes). "El amor que no evoluciona, que no se adapta a nuevas situaciones, es un amor que se instala en la inmadurez que origina conflictos".[1]

Pensar en etapas del amor es pensar en una biografía compartida, en una historia donde ambos viven circunstancias maravillosas, y de las otras también.

A la primera etapa del amor se la llama generalmente "enamoramiento", y es importante no saltearla. Cada etapa nos prepara para la siguiente. El romanticismo propio de este tiempo no necesariamente nos servirá como sostén para la próxima etapa.

Cuando uno se enamora se pueden observar algunos elementos que nos capacitan para dar un paso más. Si por el contrario esto no sucede, comienza la duda y la inseguridad. También puede aparecer el temor al nuevo paso. Por esto mismo, es esencial caminar juntos y, si es necesario, esperarse.

Deseo de enamorarse

Es abrir nuestro corazón y nuestras emociones a la posibilidad de enamorarnos. Hacernos vulnerables con la apertura al conocimiento de otras personas. A veces, venimos de experiencias que no nos han ido bien, donde hemos sido heridos. La ruptura de la ilusión y el lastre emocional

---

1 Gerardo Castillo, *Anatomía de un amor soñado.*

pueden ser obstáculos para poder disfrutar de esta etapa. Poco a poco debemos liberarnos para alcanzar el estadio donde podamos decir sin dudar "me quiero enamorar". Este deseo nos lleva a buscar en las personas aspectos que nos interesan, que nos sorprenden. Es un momento un tanto individualista, ya que estamos en el descubrimiento de algo *nuestro* en el *otro*. Algunos se autovaloran tanto que buscan su alma gemela y terminan encontrándose no con personas complementarias, sino con clones, medias naranjas o cosas similares. Estas díadas amorosas raras veces funcionan. El secreto está en lo único e irrepetible del otro.

Mirada exclusiva

Luego de una apertura emocional e intelectual al enamoramiento (una apertura intrapersonal, es decir, nadie lo sabe, solo uno mismo), nos enfrentamos a una apertura social y espiritual hacia otras personas. Es aquí donde identificamos ese "alguien" que, dentro de la gama de personas que conocemos, nos deslumbra. Vemos en ella algo que no vemos en las demás y la separamos. Es un acto casi religioso de santificación. La palabra santo significa "separado para una obra mayor". Esto mismo es lo que sucede aquí: separo a la persona que me atrae de las demás y la miro con otros ojos. Esta exclusividad puede ser correspondida o no. Es en este tiempo que nos acercamos, quizás tímidos por temor al rechazo, y vamos de forma precavida e inteligente observando si el otro *alguien* ha podido visualizar en nosotros ese *no sé qué* diferente a los demás. Algunos llaman a esta fase el "encantamiento", porque hay algo que te encanta de la otra persona y que no ves en otras. Es un acto social trascendente, ya que vamos a elegir a esta persona. Nuestro tiempo social se centrara en ella. Nuestras relaciones más cercanas comenzarán a notar que algo especial nos pasa con esa persona.

Encantamiento mutuo

La correspondencia a esta atracción mutua puede dar como fruto el "encuentro" de la pareja. Este encuentro es el inicio de decenas de novedades. Lo llamamos amor, placer, disfrute. Tenemos la certeza de que es algo no vivido antes. En esta fase se comienza a construir la imagen idealizada del otro. Algunos han llamado a esto la aparición del "príncipe azul" o su variante de "princesa". Es en este instante donde todo se enfoca en agradar al otro. Los defectos se tapan y los secretos se esconden (cosa que no es muy favorable para poder crecer). Algunos afirman que existe un autoengaño más que un engaño consciente.

Algunas características de este enamoramiento son:

En primer lugar, la conmoción, donde uno comienza a comportarse de forma extraña. Ve la relación como una recreación constante. Los enamorados no se aburren. Generalmente se aíslan de sus vínculos sociales o, si no lo hacen, hablan con ellos de su enamorado. Es una etapa monotemática.

En segundo lugar, el conocimiento no solo es externo, sino que comienzan a profundizar en intimidad: la transmisión de información es crucial, ya que de esta manera se van adentrando en el mundo del otro. Es aquí donde los secretos comienzan a ser develados.

La tercera característica es que comienza cierta dependencia emocional, ya que lo que se ha compartido ahora tiene residencia en el otro, es decir, el otro sabe mucho: parte de lo que soy se lo he transmitido. Es menester tener cuidado sobre esta dependencia emocional, ya que mal entendida puede llevar a una simbiosis entre la relación y la felicidad personal.

La cuarta característica es que se piensa en *nosotros* o *lo nuestro*, es decir, las individualidades forman una identidad de pareja. Este paso es esencial para comenzar la nueva etapa: el matrimonio. Pero antes de cualquier avance será importante que el "príncipe azul" se caiga del caballo y que la "princesa" se ensucie el vestido.

El amor con los pies en la tierra

El amor romántico es muy importante en el noviazgo o encuentro de los enamorados, pero al crecer este amor deja de ser meramente romántico y pasa a ser realista. La ficción pasa a ser verídica y le agrega un condimento especial: descubrir en el otro qué es "apariencia" y qué "realmente" es. Algunas personas se frustran en este proceso y quieren mantenerse en medio de la ficción. Otros chocan, y al no aceptar la versión real de la persona, la dejan. Para poder seguir caminando juntos es necesario abandonar la idealización y observar la realidad con un grado de aceptación elevado. De no ser así, constantemente se querrá volver a esa figura ficticia del otro y se le reclamará constantemente convertirse nuevamente en el "príncipe azul".

Al descubrir al otro tal cual es, comienza un trayecto donde ambos decidirán, de forma libre, si aceptarán esos defectos y virtudes del otro: si realmente quieren unir sus biografías. Es aquí donde se racionaliza un poco más. Es en este instante donde el proyecto conjunto se pone en juego, ya que la relación aun tiene "la puerta abierta" para salirse. Saben, consciente o inconscientemente, que pasar a la próxima etapa significa mucho en sus vidas.

Entonces, ¿el noviazgo es importante?

El noviazgo es esencial, pero no como etapa de la que no se puede salir, sino como un tiempo donde la puerta está abierta, vuelvo a repetir. Sé que para algunos esto puede sonar poco ortodoxo y hasta liberal. Pero le hemos hecho mucho mal a la función del noviazgo por darle un marco tan legal y público que no se ha permitido a las parejas disfrutar de conocerse, descubrirse y caminar juntos. Después de este tramo decidirán si realmente quieren vivir juntos y formar un matrimonio, lo cual dará nacimiento a una familia. El noviazgo debe ser revalorizado. Es realmente beneficioso vivirlo y disfrutarlo. Hacerlo les permitirá a los novios estar preparados para lo que viene.

¿Y la entrega física?

Hemos estado hablando de una entrega social, emocional, espiritual e intelectual, pero aún no de la entrega física. El amor crece y la entrega también. Esta donación se va completando gracias a la evolución que ambos han decidido que tenga la relación. Ahora bien, la cuestión que se plantea es si los novios tienen que entregarse físicamente. En este aspecto muchos han reducido la sexualidad a un acto y no al concepto mayor que hay detrás: se completa la entrega total del uno al otro. Es decir, se ha dado todo y de ahí en más se da continuamente, sin restricciones.

Aquí es donde se centra la discusión: ¿es conveniente que la entrega total sea en esta instancia? ¿Es un paso de compromiso? ¿O se espera al matrimonio? Algunos parecen reducir el sexo al coito y no a la valoración integral de la otra persona. El acto sexual es un ingrediente del sexo. Hacer el amor significa aceptarse y donarse. Es recibir el regalo que significa el otro en su totalidad: no solo en cuerpo, sino en alma, en intelecto, en espíritu. El ejercicio de esta entrega es previa al acto sexual, no al revés. Sin embargo, en muchas ocasiones se dan pasos en falso. Debe darnos alegría, felicidad y placer la plenitud emocional, física, intelectual, social y espiritual del otro y la propia. Esto se consigue no solo con el acto sexual, sino con un acto de entrega total, y para hacerlo existe el próximo paso de madurez como pareja: el matrimonio joven.

Un apéndice para seguir pensando en el noviazgo

Una experiencia enriquecedora sobre el tema

Hace un año, tuvimos una experiencia con un grupo de jóvenes de una comunidad de fe de contexto sociocultural universitario (estudiantes y egresados). Nos juntamos con el objetivo de preparar un taller colaborativo donde pudiéramos aprender unos de otros. El tema que nos convocaba era la relación con otros, y específicamente "la relación de noviazgo". Nos orientamos con preguntas de discusión y luego buscamos herramientas en los valores judeocristianos para poder llevar adelante este desafío vincular. Al terminar de programarlo, disfrutamos de una convivencia con un grupo de más de cuarenta jóvenes de entre 21 a 30 años donde, junto a este equipo, abordamos el tema con mucho respeto.

Se los comparto:

Objetivo general

Pensar sobre nuestras relaciones interpersonales y desarrollar estrategias que nos permitan alcanzar hábitos saludables frente al desafío de establecer relaciones a largo plazo.

Objetivos específicos

Trabajar la relación de noviazgo teniendo en cuenta ciertos aspectos contextuales de los jóvenes del grupo y sus experiencias anteriores. Reflexionar sobre las herramientas en valores que tenemos a nuestra disposición para alcanzar estabilidad en esta clase de relación.

Contenidos

A. Relaciones: Con el equipo de trabajo reflexionamos acerca de las relaciones más significativas de esta etapa de la vida, concluyendo que las relaciones con los padres y hermanos, con los compañeros de trabajo y de estudio, con las autoridades (laborales, eclesiásticas, etc.), con los amigos, con el entorno (el mundo que los rodea), con Dios, consigo mismo y con las relaciones de noviazgo son importantes en esta etapa.

B. Recursos: También evaluamos en cuáles de estas relaciones tenemos recursos o herramientas para un desarrollo saludable. Concluimos que en las relaciones de noviazgo no tenemos tantos elementos como en las demás.

Novios/as: Desde un análisis de las situaciones conocidas por cada uno de los participantes (propias o de amigos/as), reconocimos que existen contenidos en el imaginario social sobre este tipo de relación. Algunas de ellas son:

Presión social (de familiares, amigos, etc.): Muchas veces la presión proviene de personas que a su edad ya habían constituido una familia. Esto nos muestra cambios en los tiempos de las relaciones sociales entre una generación y otra. Esto genera, en algunas ocasiones, malestar. También se percibe en la comunidad de la iglesia.

Marginación: Es provocada por la presión social y el determinismo sobre aquellos que no tienen esta clase de relación. Algunos aportaron una pregunta que resume este punto: ¿soy raro/a si no tengo novio/a?

Enlatado: Se llamó así al conjunto formado por el carácter, la personalidad, los hábitos creados, la edad y toda la cultura que rodea a la persona. Se hizo énfasis en la importancia de reconocer en el otro todo este entramado que forma, de alguna manera, un *producto* que a su vez genera un objetivo con ciertas expectativas. La pregunta es: ¿pueden dos personas establecer acuerdos sin dejar de lado su identidad?

Mitos sobre la media naranja: Descartamos la idea socialmente difundida de que existe una persona que me completa. Es importante recordar el concepto de plenitud individual, más allá de la relación con otra persona.

Proyección de las propias frustraciones: Se percibe a partir de ciertos dichos como "¿Dónde están los hombres?", "Ya no quedan verdaderas mujeres". Expresan una frustración personal resumida por el grupo en una frase coloquial: "No me dan pelota", que significa "No se fijan en mí".

C. Requisitos: Otro punto de reflexión grupal fueron los requisitos para la posibilidad de establecer una relación de noviazgo. El grupo respondió:

Simetría: Existir cierta conexión en aspectos como físico, material, intereses, valores.

Adaptabilidad: Ser flexibles en aspectos negociables que no pongan en juego la identidad de cada uno.

Amistad previa: Tener una relación de conocimiento personal anterior a la de noviazgo, ya que esta provee una base sólida para el conocimiento mutuo más profundo a futuro.

Códigos: Compartir los valores sociales, espirituales y los nuevos creados por la pareja.

Comunicación: Expresarse de forma explícita, a nivel verbal y no verbal, para que no existan confusiones o malos entendidos.

Madurez: Se definió como madurez la capacidad de amar y trabajar. Se puntualizó sobre la capacidad de ser independiente en ciertos aspectos (laborales, económicos, etc.).

Resiliencia en las relaciones: Tener la capacidad de resolver conflictos y de haber cortado con el lastre emocional producido por relaciones anteriores. También se pensó en cómo resolver la conexión con novios/as anteriores y la reacción frente al abandono, el engaño, etc.

Amistades: Integrar amistades a la relación, como también respetar las personales. Estuvimos de acuerdo en que debe existir respeto por la relaciones con otros y no provocar el aislamiento, que perjudica el capital social de cada uno.

Proyecto de vida: Tener claro el proyecto personal. Se dieron ejemplos de cómo personas sin proyectos terminan siendo parásitos de aquel que sí los tiene. O la relación no se piensa a largo plazo ya que no hay un recorrido en conjunto para lograr objetivos. En el caso que ambos tuvieran proyectos, se remarcó la importancia de evaluar si eran compatibles para que cada uno pudiera desarrollarlo.

Ayuda: Los puntos anteriores nos sirvieron como forma de acompañamiento en el tema. Dejamos claro que nadie en el grupo era un "superado" en estos aspectos y que todos somos falibles.

Causas: Formulamos algunas de las causas que pueden llevarnos al éxito o al fracaso en el noviazgo:

Causas del éxito:
Amor. Compromiso. Decisión a largo plazo. Respeto hacia los espacios personales y de la pareja. La cultura de la familia nuclear.

Causas del fracaso:
Infidelidad (física y emocional). Egoísmo. Proyectos no sincronizados (no calendarizados de la misma manera). Falta de comunicación verbal y no verbal. Mentira.

Integración en valores
Se trabajó sobre un fragmento de la Biblia en el libro de 1ª Corintios, capítulo 13, donde destacamos algunos recursos imprescindibles en el noviazgo:

El amor es paciente...
· **La paciencia** expresada en la comprensión, la aceptación, la comunicación y un compromiso a largo plazo.

El amor es amable...
· **La amabilidad** expresada en el respeto, en la sensibilidad a las necesidades del otro (empatía), en la escucha activa, en la amistad.

El amor no es envidioso, ni jactancioso, ni arrogante, ni grosero...
· **La humildad** expresada en la capacidad de aprender de los demás, el respeto por los espacios y las relaciones personales, la capacidad de pedir perdón y la sinceridad.

El amor no es egoísta...
· **La cortesía** expresada en la gratitud, en una autoridad compartida, en un carácter coherente, en la decisión firme y en la libertad individual.

El amor no es irritable ni resentido...
· **La valorización** del otro expresada en perdón y señales saludables de buen trato.

El amor no se deleita en la injusticia, sino que se regocija en la verdad...
· **La veracidad** expresada en la claridad de lo que se piensa y siente, la intención constante de nutrir la relación, la franqueza sobre los temores personales, el respeto en la intimidad y la atracción física.

El amor todo lo disculpa, todo lo cree, todo lo espera, todo lo soporta. El amor nunca se rinde...

· **El sacrificio** expresado en el perdón dado al otro, en la solución de conflictos (buscando que ambos ganen), en ceder en aspectos que no ponen en peligro la identidad de cada uno.

> *PENSANDO...*
>
> *A solas:*
>
> Contestar con sinceridad:
>
> **¿Qué es lo difícil de estar solo/a?**
>
> **¿Por qué te pondrías de novio/a?**
>
> **¿Qué buscas en la otra persona?
> ¿Cuáles son tus expectativas?**
>
> **¿Qué aprendiste de las cosas buenas y malas de tus relaciones anteriores?**
>
> **¿Qué características tendría un noviazgo saludable?**
>
> *En pareja:*
>
> Programar un encuentro especial para compartir lo que cada uno escribió.
> Conversar.

CAPÍTULO 2

EL SIGUIENTE PASO:
EL MATRIMONIO, UN MUNDO DE DIFERENCIAS

El mundo es de muchos y es de locos,
pero nosotros somos uno y estamos sanos.

G. K. Chesterton a su esposa Frances

El siguiente paso: el matrimonio, un mundo de diferencias

Hasta aquí hemos reflexionado sobre el desarrollo del amor en una primera etapa: el enamoramiento. Etapa sumamente necesaria para encontrarse y conocerse. Al avanzar como pareja, los enamorados comenzarán a mirarse con perspectivas de futuro. Es aquí donde hay que tener un tacto especial, ya que puede ocurrir que uno de los dos no esté preparado para dar el siguiente paso o simplemente no desee salir del anterior. Esta situación ha traído muchos inconvenientes a parejas que han vivido noviazgo por años. Aquellos que se quedan en el enamoramiento saben que el éxtasis no dura mucho tiempo. Es necesario poner los pies sobre la tierra para poder avanzar.

Los enamorados han vivido "un amor en proyecto", se han expresado todos sus deseos y han pensado cómo serán las cosas al concretar el compromiso matrimonial. En esta nueva etapa comienza el "amor vivencial", donde lo deseado empieza a cumplirse. Cuando el proyecto conyugal tiene profundidad (ha sido meditado y evaluado) ¡puede comenzar a vivirse! Hasta este momento todo es hipótesis. Ningún proyecto es perfecto. Ambos necesitarán de flexibilidad, respeto y amor incondicional a medida que van avanzando en pareja.

Se pasa de enamorados a esposos. Se lo titula "vínculo conyugal". El origen del término es aclaratorio de lo que sucede en esta fase. El yugo, en tiempos pretéritos, era utilizado en la actividad agraria para que los bueyes llevaran adelante la preparación del campo para la siembra. En un sentido más amplio, era usado para describir la cosmovisión de los maestros sabios. Ellos tenían una perspectiva del mundo y, a partir de ella, vivían y enseñaban a la gente. Ese "yugo" era transmitido a sus aprendices, y a su vez estos lo transmitían a la siguiente generación. En definitiva, el yugo era su proyecto de vida: de vida: en teoría y en práctica. En el matrimonio se debería dar que ambos "cónyuges" tengan proyectos de vida compatibles. En otras palabras, tener planos de la vida que sean medianamente complementarios. Los que experimentamos la dicha de estar casados, sabemos que el matrimonio es un mundo de diferencias. Para llevar adelante este proyecto son necesarios los acuerdos.

Pensemos en cómo construir el edificio llamado matrimonio. La boda, la fiesta y todas sus luces no forman un matrimonio, sino que es tarea de todos los días. Debemos edificar, levantar columnas y sumar ladrillos en nuestra relación. Por esto mismo es conyugal, porque ambos toman el desafío: no es un vínculo individual, sino dual.

Al construir, nos encontramos con diferencias en los múltiples aspectos de nuestra vida. En primer lugar las diferencias físicas, que son lógicas pero que deberán ser aceptadas. Para muchos matrimonios es importante poder reconciliarse con sus cuerpos y aun con el acto sexual. Existen los matrimonios "blancos", que no han practicado sexo con penetración vaginal por diferentes circunstancias, a veces ligadas a malas experiencias sexuales previas. Por esto, al descubrirse físicamente, los esposos tendrán que aceptarse y disfrutarse. Algunos afirman que el encuentro físico entre los esposos es un momento edénico, similar al encuentro entre Adán y Eva en el Jardín, donde el hombre exclamó (gritó fuerte) frente a la mujer: "Esta es carne de mi carne".

En segundo lugar, las diferencias sociales. Poco a poco descubrimos que no nos hemos casado con una persona, sino con una familia. Detrás de cada uno hay una familia, con sus características, que le ha dado forma a nuestro esposo o esposa. Muchos de los usos y las costumbres que tendremos en el nuevo hogar serán fruto de una dinámica conjugación entre dos mundos diferentes: las familias donde fuimos criados. También poseemos amigos en común y otros personales. Como nuevo matrimonio le tenemos que dar un lugar a estas amistades. Mantener y nutrir las relaciones con los amigos. Ellos son el sostén en las dificultades que llegarán. La comunidad de fe y la familia extensa también lo serán, a medida que pase el tiempo.

En tercer lugar, nos sorprendemos con las diferencias emocionales. Entre hombres y mujeres, los intereses, como también la expresión de las emociones, son realmente peculiares. Veamos algunas:

A los hombres les interesa...

Ser valorados por sus capacidades
Necesitan que se les diga que son competentes, que reconozcan sus logros. Esto tiene que ver con la estima personal. No los motivan tanto los "te amo" como a las mujeres. Los movilizan las frases como "eres muy capaz" o "eres muy inteligente".

Ser respetados en sus espacios
Les gusta moverse libremente en sus espacios.

Ser afirmados y no ser rechazados
Son muy sensibles a la falta de afirmación. Les gusta tener todo bajo control.

Las acciones son más importantes que las palabras
En una encuesta realizada a muchos hombres se les preguntó lo siguiente: ¿qué cosa deseas que sepa tu chica pero sientes que no puedes explicárselo o decírselo? La respuesta fue: "Quiero que sepa cuánto la amo". Ellos lo demuestran.

A las mujeres les interesa...

Sentirse amadas
Es importante que continuamente les digan que las aman. Las chicas son auditivas, todo lo que pronuncie un hombre a sus oídos será tomado en serio. Por eso funcionan tan bien las palabras en la conquista.

Las emociones
A diferencia de los hombres, que son bastantes olvidadizos, las mujeres tienen la capacidad de recordar cosas del pasado. Pueden expresar de forma natural sus emociones sobre diversos temas; en cambio, ellos son mucho más reservados.

Ser escuchadas
Los hombres tienden a solucionar las cosas, y cuando escuchan que su esposa tiene un problema buscan "soluciones". Increíblemente ¡ellas no quieren eso! Solo que se las escuche.

Verse hermosas
Sienten una profunda necesidad de ser vistas por sus hombres y ser apreciadas como bellas. Con palabras y gestos desean ser dignificadas por sus esposos.

Estar seguras
Buscan hombres comprometidos con lo que creen y con lo que hacen. Ellas perciben el grado de compromiso con su persona, con la relación y con el futuro juntos. Necesitan escuchar: "Trabajaré para que puedas desarrollar todo tu potencial. Me comprometo a estar a tu lado".

En último lugar, los esposos descubrirán sus diferencias espirituales. La espiritualidad no necesariamente es la religión que profesa cada uno, sino más bien lo que le da sentido a la vida. Existen personas que son movilizadas a disfrutar de la vida por lo que tienen y buscan en el día a día alcanzar ciertos logros materiales. Otros encuentran sentido y realización en sus títulos o profesiones. Para ellos el trabajo y llegar a cumplir las expectativas laborales son importantes y motores de su existencia. Otros creen que la familia, los amigos y las relaciones sociales son el combustible para seguir adelante. Otros encuentran en la trascendencia este sentido vital y disfrutan de todo lo que Dios significa para ellos. Como verán, todos tenemos una espiritualidad, solo que enfocada en diferentes aspectos. Los esposos encontrarán que son diferentes también en esto aunque digan ser religiosos o creyentes. Por esto mismo es importante que tengan un sistema de valores comunes. Que todas las virtudes que elijan para su matrimonio puedan hablarse, compartirse y respirarse en su hogar. Cada tiempo del vínculo conyugal necesita del desarrollo de diferentes valores.

Tiempo de selección y desprendimiento (elección libre de contraer un vínculo estable) ***y tiempo de transición y adaptación*** (el encuentro en el matrimonio).

Valores a desarrollar:

Generosidad: Tener la capacidad de dar y darse. Comprender las necesidades del otro.

Optimismo: Esperanza en la nueva formación vincular y en su futuro. Realismo frente a la nueva relación sin pensar en "cuentos de hadas".

Flexibilidad: Los ajustes requieren flexibilidad en las relaciones y una adaptación en los usos y costumbres que la pareja quiere construir junta. Período de ensamblaje de dos personas únicas e irrepetibles que provienen de diferentes familias.

Fortaleza: Se necesita la virtud de acometer e invertir en la adaptación y acomodación de la nueva pareja. Esto demandará fuerza frente a la dependencia que, quizás, alguno de los esposos tenga con su familia de origen.

Perseverancia: La falta de autonomía, las nuevas costumbres y la preparación para la llegada de los hijos requiere desarrollar hábitos que le den al matrimonio fundamento y consistencia para lo que vendrá.

Respeto: En esta etapa donde la autonomía hacia la familia extendida debe ser claramente diferenciada se necesita asertividad en la comunicación y ser respetuosos con los padres, que quizás no comprendan que sus hijos han madurado y están preparados para generar una nueva familia nuclear.

Claves para tener un matrimonio oxigenado

Diferencias, diferencias y más diferencias. Sociales, emocionales, intelectuales, espirituales y físicas. Seguramente estarán pensando: i¿qué hicimos?! Si creían que se habían casado con su alma gemela o media naranja ya han comprendido que no hay nada de gemelos ni comparten ninguna característica frutihortícola. Pero no desesperen, cada matrimonio necesita de momentos de quietud para poder repensarse. Les comparto un ejemplo de esto y dos herramientas que pueden servirles.

Subiendo al avión, la auxiliar de a bordo nos anuncia que si ocurre la descompresión de la cabina tendremos que usar las máscaras de oxígeno, y que debemos ponernos las nuestras antes de ayudar a otros. De esta situación particular podemos extraer una enseñanza para nuestra relación matrimonial: no podemos dar lo que no hemos recibido antes. Pero también es importante tener presente la necesidad del acompañante, sea niño o no, de recibir el oxígeno. He aquí otra lección para una convivencia sana: saber recibir del otro. En la vida de pareja, hay *conditio sine qua non* para la satisfacción conyugal; *dar y recibir* son, entonces, capacidades a desarrollar por ambos esposos.

Debemos trabajar mucho. En primer lugar, tener una comprensión empática, es decir, ocuparse (y hasta preocuparse) por ver las cosas desde el punto de vista del otro. Comprenderlo desde la subjetividad que supone ser otra persona.

Esto nos permitirá entender por qué mi esposo/a se siente como se siente, por qué piensa lo que piensa y aun por qué actúa como actúa. En segundo lugar, tener congruencia. Actuar en consonancia con lo que uno es. Quizás las palabras coherencia y sensatez sean una forma de explicar esta congruencia. Por último, el aprecio. Desarrollar la capacidad de observación y asombro en el conocimiento del otro. Valorarlo, reconociendo su mérito y comunicándoselo.

Dar y recibir, tener comprensión empática, congruencia y aprecio contribuyen a la unidad del matrimonio.

Además de la decisión primigenia de donarse mutuamente, en la relación existen decisiones cotidianas que deben ser comunicadas. Estas decisiones pueden ser personales, que convienen compartirse con el cónyuge. También están las decisiones que deben ser tomadas por consenso entre los dos.

Las diferencias pueden aparecer dentro de una conversación amena y sincera: juntos le darán importancia al planteamiento de cada uno y tratarán de armonizarlos. Si surgen en medio de una discusión o de un conflicto, pueden ser comunicadas de forma agresiva y lastimar a ambos cónyuges. Para evitar esto hay que desarrollar una comunicación fluida y aprender a acordar.

PENSANDO...

A solas:

Contestar con sinceridad:

Las costumbres en la vida familiar: ¿Ambos somos ordenados o uno lo es y el otro no? ¿Qué hacer para ponernos de acuerdo? ¿Ambos son de trasnochar o uno lo es y el otro no? ¿Qué inconvenientes puede traerles esto?

Las funciones en la casa: ¿Quién va a administrar el dinero? ¿Ambos, uno o el otro? ¿Quién va a limpiar la casa? ¿Uno, ambos o el otro? ¿Harán las compras juntos? ¿Quién se ocupará del mantenimiento del auto?

Las decisiones: ¿Qué criterios utilizarán a la hora de tomar decisiones que involucran al matrimonio? ¿Uno de los dos es propenso a no preguntar antes de decidir por los dos? ¿Cómo lo resolverán? ¿Sobre qué cosas decidirá uno u otro y sobre cuáles ambos?

Los proyectos: ¿Existen proyectos del matrimonio? ¿Existen proyectos personales inconclusos o que desean emprender? ¿Cómo se acompañarán para alcanzarlos?

Nuevos inconvenientes: ¿Qué nuevos problemas pueden surgir en la relación? ¿Existen quejas que antes no existían? ¿Son tomadas en cuenta, se entienden y se hablan?

En pareja:

Programar un encuentro donde cada uno esté con todas sus capacidades en funcionamiento. Compartir sus respuestas. Conversar, comiendo o tomando algo juntos.

Reflexión de un profeta:

*¿Pueden dos caminar juntos
sin antes ponerse de acuerdo?*

CAPÍTULO 3

MIS EXPECTATIVAS Y SUS EXPECTATIVAS

Cuando te enamoras de un ideal,
es imposible no sentir desilusión
ante la persona que tienes a tu lado.

Craig Groschell,
autor de Anormal, cuando lo normal no funciona

Mis expectativas y sus expectativas

Cuando dos personas deciden estar juntas a largo plazo traen sus expectativas, las cuales no necesariamente son para sí mismas, sino hacia la otra persona. Estas expectativas abarcan cuestiones como sentimientos, necesidades, actividades, relaciones y proyectos. Para que los conflictos no sean el pan de cada día, será necesario ser explícitos sobre estas cuestiones lo antes posible y comunicarle al otro de forma audible lo que piensa y desea.

Todas las expectativas son legítimas y fueron construidas según la historia de cada uno. Al unir las biografías deben crear juntos un "contrato" donde se expliciten los objetivos del matrimonio. Ser sincero con el otro y mantener un grado de asertividad importante en la comunicación. La recomendación es que cada uno, de forma personal e individual, piense y redacte cuáles son sus expectativas (contrato individual) para luego ver las áreas en que concuerdan y en cuáles no. De esta forma, saldrá a la luz desde un principio y nadie se llevará sorpresas. Ahora bien, si estas expectativas cambian con el tiempo, es saludable comunicarlas y nuevamente ponerse de acuerdo para una sana convivencia. A medida que vayan transitando el camino juntos, seguramente tendrán nuevas necesidades y nuevos desafíos: esto provocará cambios en las expectativas. La flexibilidad de cada uno será nuevamente un arma frente a estas batallas.

Los profesionales que realizan asesoría marital han desarrollado tres categorías de expectativas personales. Las relacionadas con el matrimonio y todo lo que implica, desde el noviazgo, el casamiento, la boda y lo que cada uno debe "ser y hacer" dentro de esta relación. Por otro lado, las expectativas relacionadas con cuestiones de cada área del desarrollo, es decir, con lo físico, lo intelectual, lo emocional, social y espiritual de cada integrante de la pareja. Y por último, las relacionadas con los síntomas que demuestran que algunas de las expectativas anteriores no se cumplieron o que están en desacuerdo y se exteriorizan en lo cotidiano de la vida en pareja (comunicación, dinero, sexo, familia, etc.).

Hagamos todos un ejercicio: novios, recién casados, matrimonios, sea cual sea el tiempo que estén juntos.

Tomaremos de forma ordenada estas categorías y nos haremos las preguntas de forma personal. Es importante opinar con total sinceridad. Luego se las comentaremos a nuestra pareja. Otra opción es entregarle lo escrito al otro sin mediar palabras. Es interesante escuchar la interpretación del otro. Las aclaraciones serán esenciales después de esta lectura para que no haya interpretaciones erróneas.

Si las expectativas son muy lejanas unas de otras, será importante para ambos poder conversar los desacuerdos.

1. ¿Cuáles son mis expectativas sobre lo que significa el matrimonio?

Puedes marcar las afirmaciones con las que estás de acuerdo y/o escribir las propias:

- Deseo a mi lado a una persona que sea fiel, amante y exclusiva.

- Quiero que sea un sostén en medio de las dificultades y la soledad.

- El matrimonio es un camino a recorrer y disfrutar, más que una boda.

- Una relación "hasta que la muerte nos separe".

- Una relación donde realizamos actos sexuales sin inconvenientes.

- Es la base para la creación de la familia.

- Es una relación que incluye a otros: familia, amigos, hijos, etc.

- Es unirse a una familia, más que a un compañero (familia extensa).

- Es vivir juntos y en nuestro hogar.

- Quiero tener una posición social respetable y segura.

- Es una comunidad donde las individualidades están en función de todos.

- El matrimonio es estabilidad, seguridad y dominio propio frente a los factores externos que quieran atentar contra él.

2. ¿Qué expectativas tengo sobre mis necesidades?

- Independencia/dependencia: Tiene que ver con los sentimientos, con tu conducta general frente a tu compañero: ¿quién decide cómo vivo y qué valores tengo?

- Intimidad/distanciamiento: ¿Cuánta intimidad y acerca-
miento deseo en realidad? ¿Y mi pareja? ¿Le diré todo lo
que me pasa y pienso? ¿Qué me guardaré? ¿Cómo le ex-
preso al otro que necesito "mi espacio"? ¿Tendré la capacidad de entender al otro cuando me pida "su espacio"?

- Poder: Su uso, abuso y renuncia. ¿Quién controla qué?
¿Cuáles son mis sentimientos sobre aquel que manda?
¿Compito con mi pareja? ¿Me siento intimidado/a por
el otro?

- Dominio/sumisión: ¿Quién domina y quién se somete
dentro de la relación? ¿Hay un intercambio equitati-
vo de liderazgo? ¿Cómo era en mi casa esta cuestión?
¿Cuál es mi deseo?

- Miedos: ¿Tengo miedo a la soledad, al abandono, a la
enfermedad, etc.? ¿Por qué?

- Actividad y pasividad: ¿Quién debería tomar la inicia-
tiva en la relación?

- Género: ¿Cómo me siento y me veo, seas hombre o mujer? ¿Qué se espera de un hombre? ¿Qué se espera de
una mujer?

- Relación sexual: ¿Me excita mi pareja? ¿Cumple con
mis expectativas sexuales? ¿Por qué? ¿Tengo algún
problema sexual? ¿Me gusta tener sexo?

- Conflictos: ¿Cómo resuelvo los conflictos? Frente a los
problemas, ¿cuál es mi reacción inicial? ¿Y luego?

- Aceptación: ¿Qué me gusta de la persona que está a mi
lado? ¿Qué no me gusta? ¿Qué le cambiaría?

- Decepción: ¿En qué áreas me siento decepcionado/a
con mi pareja? ¿Por qué? ¿Lo sabe?

3. ¿Cuáles son mis expectativas sobre posibles problemas conyugales?

- Comunicación: ¿Hay sinceridad y claridad cuando intercambio información y mensajes? ¿Escucho al otro? ¿Mi comunicación verbal es coherente con la no verbal (gestos, expresiones, etc.)?

- Familia: ¿Discuto sobre mi familia de origen?

- Hábitos e intereses: ¿Me gusta trabajar demasiado o poco? ¿Cómo me divierto? ¿Tengo suficiente tiempo de ocio?

- Crianza de los hijos: ¿Tendré hijos? ¿Cuántos? ¿Cómo los educaré? ¿Qué deseo para mis hijos? ¿Qué expectativas tengo sobre mi paternidad/maternidad?

- Dinero: ¿Peleo sobre esta cuestión? ¿Tengo un plan de finanzas y economía familiar? ¿Cómo se manejaban estas cuestiones en el matrimonio de mis propios padres? ¿Y en mi matrimonio?

- Sexo: ¿Quién inicia las relaciones sexuales? ¿Cuál es su frecuencia? ¿Deseo más o menos? ¿La unión sexual es divertida, gratificante o no? ¿Por qué? ¿Me siento amado/a?

- Valores: ¿Cuáles son mis prioridades en el matrimonio? ¿Qué me motiva a seguir juntos? ¿Qué lugar tiene la trascendencia como seres humanos en mi matrimonio? ¿Creo en Dios? ¿Por qué?

- Amistades: ¿Comparto sus amistades? ¿Poseemos amigos de ambos sexos? ¿Qué creo sobre la amistad entre hombres y mujeres?

- Roles y funciones: ¿Las funciones están determinadas por el sexo? ¿Quién realiza las tareas domésticas? ¿Quién trabaja fuera de casa? ¿Quién se desarrollará profesionalmente?
- Otras áreas de conflictos: Mecoración de la casa, auto, comidas, responsabilidades (pago de cuentas, etc.), descanso, vacaciones, fiestas, vestimenta, etc.

Estas expectativas pueden generar un buen desarrollo de la relación matrimonial o llevarla a un insoportable ambiente de conflicto constante. Sin embargo, después de analizar estas situaciones y de hablar de ellas con apertura emocional, pueden llegar a darse cuenta de que la otra persona (con la que estoy conviviendo) tiene defectos o, según mis expectativas, no llega al estándar de lo que pretendo. Entonces puede surgir la siguiente pregunta:

El otro tiene defectos, ¿alguien puede ayudarme?

"Me cambiaron a la persona con la que me casé", "Me mintió sobre quién era realmente", "No soporto a este, quiero el otro". Son frases que denotan frustración y enojo a causa de los cambios que se dan en el matrimonio. Después de la luna de miel, la realidad golpea a nuestra puerta y nos expone la verdad sobre cada uno.

Esta realidad puede ser mejor o peor. Existen experiencias donde se descubren dos personas increíbles en la convivencia después de la boda. También existen testimonios de personas que no luchan por mantener la conquista, desisten de seguir conociendo, enamorando u ocupándose de saber más del otro. Es esencial recordar que estos cambios van a suceder y que será importante la actitud que tengamos frente a ellos.

Mark Twain escribió un relato titulado *Diarios de Adán y Eva* donde recrea, de forma divertida, cómo comenzó la convivencia entre ambos personajes. Estas son algunas de las experiencias de esta pareja desde las diferentes perspectivas:

Extractos del diario de Eva:

"Domingo: Está descansando aparentemente. Me parece que esta criatura está más interesada en descansar que en cualquier otra cosa".

"Domingo de la semana siguiente: Estuve toda la semana pegada a él e intenté presentarme. Tuve que sostener la charla, porque él estaba cohibido, pero no me importó. Parecía agradecido de tenerme cerca, y usé varias veces el nosotros, tan sociable, porque parecía halagarlo el sentirse incluido".

Extractos del diario de Adán:

"Lunes: Esta criatura nueva de pelo largo es bastante entrometida. Siempre está dando vueltas a mi alrededor, siguiéndome a todas partes. No me gusta esto; no estoy acostumbrado a la compañía."

"Sábado: La nueva criatura come demasiada fruta. Lo más probable es que se nos acabe. Nos otra vez: esa es la palabra que eso suele usar; también yo, ahora, al escucharla tanto".

Es divertido ver las cosas de forma diferente. Las diferencias nos hacen únicos y le dan al matrimonio ese condimento necesario para un descubrimiento continuo. Nunca dejamos de conocer a la persona que tenemos al lado. En eso se basa la aventura del matrimonio. Cuando creemos que conocemos todo del otro, se nos nubla la mirada por la rutina y comenzamos a priorizar otros horizontes (trabajo, otras personas, etc.).

Como hemos visto hasta ahora, el conocimiento del otro es incompleto. A medida que transcurre esta nueva etapa se va completando, pero no se agota nunca. El secreto del matrimonio está en descubrirnos, abrirnos a la novedad del otro constantemente.

Cuando uno se enfrenta a los "defectos" (siempre subjetivos) del otro tendrá que tener una actitud correcta para no llegar a instaurar una guerra alrededor de "eso" que nos molesta.
Pensemos juntos sobre algunas de las posibles cuestiones:

¿Cómo entender los defectos del otro?

Bienvenidos al mundo de las personas normales donde todos tenemos defectos. Ahora, si eres perfeccionista en cada aspecto de tu vida deberás tener presente que el otro tiene otra clase de "perfección". No es una "cosa" que mejoramos, sino una persona que aceptamos. Hablar de defectos del otro suena a etiquetas, marcos o juicios sobre los demás. Somos "diferentes" y hacemos las cosas "diferentes". Sin embargo existen defectos, como el ser alcohólico o infiel, que no pueden ser observados como normales. Estos no merecen aceptación y necesitan un tratamiento específico.

¿Qué hacer frente a las diferencias que me molestan?

Generalmente se toman tres posturas: no se aceptan, se acepta al otro a pesar de los defectos o se decide querer al otro con sus defectos. La diferencia entre las tres es la capacidad de comunicar las cosas que nos molestan y de escuchar al otro en su descargo. Cada miembro de la pareja debería estar dispuesto a cambiar en pos de la convivencia ejercitando la flexibilidad.

¿Cómo lograr la unidad en los aspectos que somos diferentes?

Nos unimos en matrimonio. Pero la unidad no se da naturalmente después de besar a la novia en el altar. Se logra trabajando por ella, es un *laboro* de cada día. De esta manera, cuando lleguen las dificultades o las circunstancias adversas nos encontrarán unidos para fortalecernos el uno al otro. También es importante desarrollar una estrategia para decidir juntos sobre los temas en los cuales cuesta ponerse de acuerdo.

> *PENSANDO...*
>
> *A solas:*
>
> Escribir las expectativas que tengo sobre:
>
> ***a. El significado del matrimonio***
> ***b. Mis necesidades como persona***
> ***c. Los posibles problemas conyugales***

Colocar los escritos en tres sobres diferentes.

En pareja:

Intercambiar los sobres. Tener una extensa charla.

Proverbio:

***Quien se rinde ante un problema
no demuestra fuerza ni carácter.***

CAPÍTULO 4:

CASAMIENTO, UN EVENTO PRESENTE QUE UNE PASADO Y FUTURO

*Las personas reparan
en los preparativos de la boda,
no en la planificación de lo que
vendrá después.*

Casamiento, un evento presente que une pasado y futuro

Investigué el origen de la palabra *casamiento* y descubrí que significa "casarse sin permiso". ¡Me encantó la definición!, porque entiendo que implica una responsabilidad pura y exclusivamente personal y, a su vez, hacia otra persona. Casarse es un acto totalmente elegido. Nada ni nadie puede obligarme a casarme, como tampoco a no casarme.

Por otro lado, *casamiento* tiene como raíz la palabra "casa": un lugar en común, un hogar, una morada donde las personas conviven. Es por esto que el casamiento conlleva una serie de normas de convivencia que, por lo general, se las titula *Derechos y obligaciones de los cónyuges entre sí*. Veamos cuáles son:

Derechos y obligaciones de los cónyuges entre sí

a) Los cónyuges están obligados a contribuir cada uno por su parte a los fines del matrimonio, a socorrerse mutuamente y a guardarse mutua fidelidad.

Sería interesante preguntarse ¿cuál es el fin de estar juntos? ¿Hacia donde nos dirigimos? Tener un mapa de vida del matrimonio nos ayuda a marcar el rumbo, como también los pasos que queremos recorrer. No saber a dónde queremos llegar provoca una pérdida de sentido. Como esposos debemos trazar un *por qué* y un *para qué* de nuestra travesía juntos.

La sociedad matrimonial se caracteriza por el sostén mutuo, y eso es maravilloso. Dos personas que deciden cuidarse, socorrerse en los momentos más difíciles. Significa ayudarse en medio de la falta de trabajo, en medio de la enfermedad, en medio de la depresión, en medio de lo peor que nos pueda pasar. Es no estar solo. Es no vivir aislado, sino junto a una persona que está velando por nuestra salud integral. Mi cónyuge va a socorrerme en medio de mis dudas espirituales, en medio de mis dolores físicos, en medio de mis debilidades emocionales, en medio de mis dudas intelectuales y en medio de mis conflictos sociales. Este socorro denota fidelidad.

Ser fiel se relaciona con la misión y rumbo del matrimonio, pero también con tener la capacidad de corregir los ojos y las emociones cuando se desvíen hacia otra persona. La fidelidad es seguridad, es saber que puedo confiar y descansar en las promesas del otro.

En la televisión de Estados Unidos existe un *reality* llamado *Cheaters*. El objetivo del programa es ayudar a investigar a los que creen que su pareja les es infiel. Contratan a profesionales que durante semanas buscan pistas para comprobar la infidelidad. Es interesante ver cómo reacciona cada uno. El presentador, con mucho tacto, avisa al engañado de que ya tiene material suficiente. Le muestra imágenes de la infidelidad e inmediatamente lo lleva al lugar donde su pareja le está siendo infiel. Los lugares pueden ser un hotel, una oficina, un restaurante. La cara de la persona engañada frente a las pruebas es increíble: sorpresa, llanto, insultos. No puede creer lo que ve. Por otro lado, la persona que engaña y que es sorprendida *in fraganti* niega rotundamente ser infiel. Es extraño, pero niega lo que está a la vista.

En uno de los episodios, un hombre le fue infiel a su esposa con su secretaria. El matrimonio había dejado familia y amigos para mudarse a otro estado para que él tuviera más oportunidades laborales. A pesar de este esfuerzo conjunto, él decidió romper con su compromiso de fidelidad. Cuando lo entrevistaron en medio del escándalo el hombre atinaba a decirle a su esposa: "Tú eres todo para mí, ella (la amante) no es nada". La secretaria no podía creer lo que estaba escuchando y comenzó a gritarle: "¡Nunca me dijiste que tenías esposa!".

Cuando uno ve en vivo un engaño, puede imaginar lo que pasa en la mente y en el corazón del engañado. Guardar fidelidad es la base para la convivencia y siempre lo será (aunque muchos de los códigos civiles actuales quieran suprimirla).

b) Los esposos deberán vivir juntos en el domicilio conyugal.

"Quien se casa, casa quiere", con el objetivo de librarse de vivir con sus suegros. Más allá del humor, es una realidad comprobada que los esposos necesitan vivir juntos: la privacidad, la intimidad y las costumbres hogareñas del nuevo matrimonio no pueden ser compartidas. Convivir es un gran paso. Acostumbrados a vivir solos o con sus padres, será un desafío tener que asumir las responsabilidades que implica pagar los gastos, hacer las compras, etc., como también respetar los espacios de cada integrante del matrimonio. Hace unos días hablaba con una pareja recién casada que me decían que les costaba estar "todo el día con alguien", que necesitaban más privacidad. El nuevo matrimonio deberá aprender que hay momentos para estar juntos y momentos que necesitan estar separados dentro de la misma casa.

c) Los esposos deberán contribuir económicamente al sostenimiento del hogar, a su alimentación y a la de sus hijos, así como a la educación de estos, y podrán distribuirse esta carga en la forma y proporción que acuerden para este efecto, de acuerdo a sus aptitudes y posibilidades. Los derechos y obligaciones que nacen del matrimonio serán siempre iguales para los cónyuges y totalmente independientes de su aportación económica al sostenimiento del hogar.

La clave está en la igualdad de los derechos y las obligaciones para ambos cónyuges. Esto nos permite ver de otra manera la clásica concepción del hombre como proveedor del hogar y la mujer como la que cuida el buen funcionamiento de la casa. Estas funciones son establecidas por cada matrimonio según sus aptitudes y posibilidades. ¡Esto es liberador! Poder entender que ambos pueden ocuparse de la casa y que ambos pueden ir a trabajar para sostener los gastos y los gustos. Por siglos nos han marcado que es una deshonra para el hombre no tener trabajo. Todos sabemos que la estabilidad laboral tiembla en lugares donde nunca había sucedido. Por esto mismo, volvemos al principio rector de cualquier relación interpersonal: la flexibilidad. Adecuarnos a las circunstancias que viva el matrimonio y no sentirnos menos si mi esposa gana más que yo, o no sentirme menos porque tengo que limpiar el piso de la cocina. Ambos esposos suman esfuerzos para que todo marche bien. Este es el desafío.

d) El marido y la mujer tienen en el hogar la autoridad y consideraciones iguales, por lo que deberán resolver de común acuerdo todo lo conducente al manejo del hogar, a la formación y educación de los hijos y a la administración de los bienes que estos pertenezcan.

Nada de autoritarismo machista. Nada de autoritarismo feminista. Esta norma nos aclara: la igualdad de autoridad. La simetría en el matrimonio es saludable y necesaria para llevar adelante el fin del mismo. Cuando nazcan los hijos y se transformen en una familia, será de mucho beneficio saber que ambos tienen autoridad y responsabilidad iguales en la educación, crianza y manutención. Es lógico que ambos tengan participación en el desarrollo del fruto de su amor: sus hijos.

¿Qué es el voto matrimonial?

Algunos han definido el voto matrimonial que se realiza en la boda como un manifiesto de amor. Esta tradición, en la que los novios expresan por qué y para qué han decidido unir sus vidas para siempre, está representada en el matrimonio cristiano. Demuestra el compromiso de la pareja con las leyes terrenales y las de Dios. Su origen se remonta a la Iglesia Anglicana, que lo introdujo en el año 1522 aproximadamente. Este pacto entre dos personas es sellado con las palabras: "Yo, te tomo a ti, como mi legítimo(a) esposo(a), para que los dos seamos uno solo desde este día en adelante, para bien o para mal, en riqueza o en pobreza, en prosperidad o en adversidad, para cuidarte y amarte hasta que la muerte nos separe". Es quizás uno de los momentos más emocionantes de todo el acto del casamiento.

Ahora bien, no en todas las religiones se dicen estos votos matrimoniales. Por ejemplo, en la religión judía, el equivalente a estos es el *Ketubbah*, que es un contrato con el que se sella la ceremonia y donde se explican los derechos y obligaciones de la pareja dentro del matrimonio. Este contrato debe permanecer en manos de la esposa por el resto de su vida marital.

En las bodas musulmanas la pareja no suele decir ningún tipo de votos, sino que escuchan las palabras del clérigo sobre las responsabilidades en su nueva vida, hacia ellos mismos y hacia Dios.

Como esposos, ambos deben comprender que lo que realmente tiene valor es el compromiso entre ustedes y con Dios, sin importar si deciden apegarse a los votos matrimoniales tradicionales o escribirlos por su cuenta.

Rituales matrimoniales alrededor del mundo

Muchos antropólogos argumentan que en la mayoría de las sociedades se practica la "monogamia en serie", aun si escogen a una pareja para serle fiel hasta que algo suceda y les haga encontrar a otra. Predominan las comunidades que honran la idea de "la unión de un solo hombre y una sola mujer" para formar la siguiente generación de niños. Esta unión es conocida como matrimonio. Se reúnen en una ceremonia para atestiguar la promesa de ser fiel el uno al otro, que la pareja hace, y así formar su propia y legítima familia, usualmente con la bendición de un poder superior religioso y con algún tipo de ritual.

Las ceremonias y características de estos rituales de unión varían de país a país y de cultura a cultura. Veamos algunos de ellos:

1. Sudáfrica

Los doce símbolos importantes de la cultura de los nativos sudafricanos tienen un papel vital en las ceremonias de matrimonio: trigo, vino, sal, pimienta, agua, hierbas amargas, escoba, olla, cuchara, miel, escudo, espada y una copia del Corán o de la Biblia según sea la religión de la familia. Estos objetos son usados durante la liturgia para representar aspectos del amor y de la fuerza en esta nueva unión. Las bodas en Sudáfrica no solo se enfocan en la unión del hombre y la mujer, sino en el enlace de las familias. Tradicionalmente los padres de la novia y del novio llevan un fuego desde su corazón hasta el hogar de la nueva pareja, dos flamas para alimentar un nuevo fuego, representando la nueva vida de la pareja.

2. Alemania

Una costumbre única en Alemania es la creación de un "periódico de bodas". La familia y los amigos del novio y de la novia crean una libreta con fotografías, artículos y anécdotas de las pareja. Luego se hacen copias y se venden durante la recepción de la boda para ayudar a solventar los gastos de la luna de miel. La boda generalmente dura tres días con tres eventos principales si se sigue el método tradicional. El primer día es la boda civil, que se realiza en el centro de la ciudad y a la cual asisten solo la familia y los amigos más cercanos. El segundo día se hace una gran fiesta donde acuden los familiares de ambos, amistades, conocidos y vecinos, para celebrar bebiendo y comiendo platos típicos. La ceremonia religiosa se realiza el último día. Por lo general, los novios son los únicos en el altar, junto con el pastor o sacerdote, ya que no suele haber invitados a esta ceremonia. Después, los novios intentan romper un tronco como muestra de la primera dificultad que superarán como pareja.

3. Islas Filipinas

Los compromisos filipinos son tan importantes como la ceremonia de la boda. El hombre lanza una flecha hacia el frente de la casa de la mujer con la que desea casarse, como una propuesta preliminar. La marca de la flecha frente al hogar de la chica significa que ya no está soltera y sirve como el comienzo del compromiso, donde el novio y su familia van a la casa de la muchacha para pedir oficialmente su mano en matrimonio. La boda por sí misma está fuertemente apegada a la tradición. Varios de los testigos tienen responsabilidades durante la ceremonia. Los testigos escogidos previamente pegan el velo de la novia al hombro del novio, simbolizando que ambos están vestidos como si fueran uno. Después, los testigos cuelgan un cordón blanco alrededor de los cuellos de la pareja para representar el vínculo entre ellos.

4. Yemen

Las ceremonias de bodas en Yemen significan mucho para la comunidad entera. Todos los invitados, al igual que los músicos profesionales contratados, participan en lo que se llama "el goce de la novia con música", donde se canta y se tocan instrumentos musicales. El festín posterior a la ceremonia también es importante. La familia de la novia generalmente es la responsable de la preparación, asegurándose de incluir muchas clases de pasteles para representar la dulce vida que se espera que tenga la pareja.

5. Armenia

Las tradiciones en las bodas en Armenia se enfocan fuertemente en el simbolismo y en un hermoso ritual. Mientras que las civilizaciones occidentales prefieren ver a las novias en un vestido blanco que alude a la pureza, las novias armenias prefieren usar un vestido rojo de seda el día de su boda. El accesorio en la cabeza de la novia es una tiara brillante. El tocado usualmente está hecho de materiales moldeables para que semejen un par de alas, flotando desde su cabeza. Las alas están cubiertas con plumas blancas. Después de la ceremonia, se sueltan dos palomas blancas que simbolizan la felicidad y el amor. Los novios entran a la recepción con las damas de honor, y los padrinos del novio sujetan grandes y hermosos arreglos florales para crear una especie de arco a través del cual camina la pareja. Simbolizando la riqueza para la pareja, los invitados de la boda lanzan monedas a la novia durante la fiesta.

6. Venezuela

Este país sudamericano tiene sus propias tradiciones para las bodas. La familia es muy importante en estas ceremonias, y se cree que los novios se unen además a las familias formando profundos lazos a través de su vínculo. El novio debe pedir permiso al padre de su amada antes de proponerle matrimonio si quiere obtener la aprobación de la familia. La pareja generalmente tendrá dos ceremonias para una boda completa; una civil y otra religiosa. Es costumbre que la boda civil sea primero, alrededor de dos semanas antes de la religiosa, ya que esta última es la celebración más importante. El banquete y la recepción es al final de las dos ceremonias. Durante la ceremonia en sí, para demostrar la fuerte unión entre ambas familias, se intercambian trece monedas llamadas "arras", que simbolizan la fortuna y la prosperidad para ambas familias. Las monedas también pueden ser intercambiadas por la pareja durante la boda. Para atraer la buena suerte, durante el final de la recepción los recién casados se van sin despedirse de sus invitados.

7. Islandia

El matrimonio es un asunto serio en Islandia. Compromisos de tres o cuatro años son considerados normales, pues a la pareja no se la presiona para su unión. Los islandeses modernos han adoptado las tradiciones occidentales, pero algunas parejas realizan los rituales tradicionales como una manera de honrar su herencia cultural. Un ritual único es el anuncio del compromiso de la pareja tres veces, una en la iglesia del novio, otra en la de la novia y otra en la iglesia en la que se casarán. Las festividades nupciales usualmente comienzan un día antes de la boda con un banquete, muchos brindis con poemas, bendiciones e historias acerca de la pareja.

PENSANDO...

A solas:

a. Si te estás por casar:
Escribir tu casamiento soñado y tu casamiento realizable.
b. Si ya te casaste:
Redactar cómo fue tu casamiento (con lujo de detalles, por favor).

En pareja:

a. Leéselo a tu pareja. Acordar sobre este momento trascendental.
b. Leéselo a tu pareja.

Con los hijos:

Leer el relato a sus hijos en una reunión especial: cena con comida especial, con flores, a la luz de las velas...

Poema antiguo:

Más valen dos que uno, porque obtienen más fruto de su esfuerzo. Si caen, el uno levanta al otro.
¡Ay del que cae y no tiene quien lo levante!
Si dos se acuestan juntos, entrarán en calor; uno solo ¿cómo va a calentarse?
Uno solo puede ser vencido, pero dos pueden resistir. ¡La cuerda de tres hilos no se rompe fácilmente!

CAPÍTULO 5

¿EN QUÉ IDIOMA HABLO? BUSCANDO COMPRENDER EL LENGUAJE DEL OTRO

Habla para que yo te conozca.

Sócrates

¿En qué idioma hablo?
Buscando comprender el lenguaje del otro

Hace unos meses que estoy desarrollando mi profesión docente en un colegio multicultural. En los pasillos se pueden encontrar jóvenes de diferentes nacionalidades, entre ellos, coreanos, norteamericanos, peruanos, brasileros, kuwaitíes. La primera lengua de la mayoría es el coreano, para otros el inglés y para la minoría, el español. Por lo tanto, en muchas ocasiones mi comunicación con ellos es ineficaz. Sin duda los gestos, la postura y el tono de voz ayudan, pero no es suficiente. El lenguaje no solo está cargado de información, sino que también puede observarse el nivel de relación entre los hablantes. Cuanto mejor sea mi comunicación con el otro, más posibilidades tengo de que nuestra relación crezca.

En Argentina tenemos la dicha de tener un grupo de humoristas y excelentes músicos que combinan ambas facetas para lograr una exquisitez en lo que hacen. En una de sus presentaciones hablan acerca de los problemas de la comunicación matrimonial. Uno de los humoristas dice que él con su esposa tratan de no decirse ni un "sí" ni un "no", sino que solo se ladran. El otro le dice: "Nosotros todos lo contrario, hace tres años que no nos dirigimos la palabra. De esta manera evitamos roces". Finalmente su compañero afirma: "Seguramente es más higiénico". Esto despierta las carcajadas de muchos, ya que se identifican con la situación.

¿Qué hacer si en el matrimonio la comunicación no funciona? Sería fácil dar algunos consejos de ayuda y tratar de solucionar esto de la manera más rápida. Sin embargo, sabemos que cuando la comunicación se corta en esta relación tan especial y única como la conyugal, es por algo grave o porque se ha desgastado en el tiempo, quizás evitando "roces".

¿Cómo podemos definir la comunicación conyugal?

Los diccionarios definen comunicación como la acción de transmitir información de un sujeto a otro. Esta definición aparentemente simplista se completa con algunas características que han sido agregadas por los teóricos de la comunicación. Si queremos entender qué es la comunicación conyugal no debemos olvidar estos axiomas:

Es imposible no comunicarse.

Nuestras actitudes, la forma en que nos expresamos (tono de voz, expresión, etc.), el estilo de transmisión (directivo, comprensivo, etc.) y hasta nuestros silencios comunican. El ser humano no puede dejar de comunicarse. Su cuerpo ha sido diseñado para esta acción continua. Lo podemos hacer de forma consciente, pero también inconsciente.

Toda comunicación tiene un contenido y muestra un nivel de relación.

Por medio de la comunicación que mantenemos con el otro evidenciamos nuestro nivel de relación. Existen cuatro tipos de respuestas posibles:

Rechazo: Implica la no aceptación de la comunicación de forma explícita. Esto bloquea la tentativa de relacionarse. Por ejemplo: "No quiero hablar".

Aceptación: Al contrario de la anterior, aquí la comunicación es aceptada y esto permite que el nivel de relación suba. Confirma la relación. Por ejemplo: Hablemos".

Descalificación: Se desvaloriza lo que el otro comunica y se corta la posibilidad de llegar a un nivel mayor en la relación. No tan solo se descalifica la información, sino también a la persona que la transmite. Por ejemplo: "Lo que dices es tonto, por lo tanto, eres un tonto".

Desconfirmación: En este caso el interlocutor no existe. No hay expresión. El otro aparece como invisible. Por ejemplo: no dirigirle la palabra, ignorar al otro.

La relación depende de la forma en que se interpreta lo que el otro dice de forma verbal y no verbal.

Comunicación verbal: Se realiza por medio de la oralidad o la escritura. Implica el uso de un código (lengua o idioma) común entre los hablantes para que sea posible la codificación y la decodificación del mensaje. Es uno de los condicionantes más importantes de la comunicación: sin un código en común no es posible el intercambio de contenido y la relación no progresará a un mayor nivel que el superficial.

¿Comprendo el código de mi cónyuge? ¿He tratado de conocer su lenguaje?

Comunicación no verbal: Se realiza por medio de todo aquello que no implique el lenguaje sino símbolos, gestos, posturas y tono de voz. La comunicación no verbal o paralingüística es esencial para la comunicación eficaz, ya que aproximadamente el 70% de nuestro intercambio se desarrolla desde lo no verbal.

¿Comprendo el código gestual de mi cónyuge? ¿Interpreto su lenguaje corporal?

Cómo me comunico con el otro marcará igualdad o desigualdad en nuestra relación.

El modo de comunicarme con el otro marcará el tipo de relación que tenemos:

Igualdad: Cuando existe igualdad en la relación se valora lo que el otro dice, expresa (no verbal) y piensa. Cuando existe igualdad es posible que el intercambio y la decodificación se den sanamente.

Desigualdad: Cuando existe una relación desigual se tiende a desvalorizar lo que el otro dice, expresa y piensa. Cuando existe desigualdad es posible que la transmisión de información sea directiva y jerárquica. En el matrimonio este tipo de comunicación suele provocar conflictos graves.

La forma en que me comunico con mi cónyuge, ¿expresa una igualdad o una desigualdad? ¿Existen momentos en que soy un/a déspota en la forma de comunicarme? Cuando veo a mi esposo, ¿veo a un hijo o a un marido? Cuando veo a mi esposa, ¿veo a una hija o a una esposa?

¿Qué nivel de comunicación alcanzo en mi relación?

Existen diferentes niveles de comunicación en el matrimonio. Son un termómetro de la clase de relación establecida.

Niveles de comunicación:

Nivel de las frases hechas: "¿Cómo estás?", "¿Cómo te va?". Es un nivel superficial de comunicación. No se busca información ni explicación de cómo está la persona, sino que solo se espera una respuesta estereotipada del tipo: "Todo bien". Cuando la respuesta es ampliada y se desarrolla, el interlocutor se desorienta.
Este nivel se da en relaciones deterioradas.

Nivel de presentar los hechos: "Hace frío", "Hay que cambiar el aceite del auto", "La reunión es a las diez".
Se presenta información objetiva. Los hechos se cuentan sin ninguna clase de interpretación, opinión o reacción emocional.
Cuando existe conflicto en la pareja, generalmente la comunicación se mantiene en este nivel.

Nivel de opiniones y convicciones: "Creo que...", "Pienso que...", "Me da la impresión que...".
En este nivel transmitimos lo que pensamos y también por qué lo pensamos. Estas opiniones o convicciones reflejan nuestras creencias, lealtades y compromisos personales.
En este nivel de comunicación suelen aparecer los conflictos. Cuando las personas comienzan a compartir opiniones y convicciones, comienzan a aparecer los desacuerdos que

71

pueden desencadenar en una discusión. Esta situación no es necesariamente mala si hay respeto por el otro y se resuelven las diferencias con amor.

Nivel de sentimientos: "¿Cómo te sientes?".
También llamado "zona de peligro", los hablantes se exponen, son vulnerables. Este nivel es evitado, generalmente, por los hombres. Se debe hablar en un espacio de respeto y libertad para la expresión de los sentimientos.
Al llegar a este nivel se puede afirmar que la relación tiene una gran comunicación. Se deberá cuidar la información transmitida por el otro. Divulgarla sería motivo de conflicto.

Nivel de comunicación de las necesidades: "Tengo la necesidad de ...".
Es el nivel más profundo. Cuando se expresan las necesidades lo hacemos con el fin de que sean satisfechas o, por lo menos, entendidas.
En el matrimonio podemos darlas a conocer con sabiduría y en momentos propicios, no cuando hay tensión. Ambos deben comunicar con tacto, pero de manera directa. Ambos pueden ejercitarse en expresar sus necesidades afectivas, como la necesidad de conversar y de recibir aliento.

¿Cómo activar la comunicación matrimonial?

Entender que nos estamos comunicando con una persona diferente a mí.
Hay diferentes formas de pensar, de expresarse y de razonar. Siempre es importante repetir lo que uno ha entendido

y decodificado cuando otro le habla. Dos recomendaciones: escuchar con atención y hablar con precisión.

Amar verbalmente y visualmente.
Hemos sido creados como seres receptivos ante las palabras y los actos de amor. Estas palabras y actos le darán al matrimonio una base adecuada para un nuevo nivel de comunicación.

Un rey llamado Lemuel escribió: "Sus hijos la felicitan; su esposo la alaba y le dice: '*Mujeres buenas hay muchas, pero tú las superas a todas*'". Lemuel quiso que su esposa supiera que entre una amplia gama de mujeres nobles y elegantes, la había elegido a ella y que había elegido lo mejor de lo mejor. No hay nada más propicio para una excelente comunicación matrimonial que derrochar elogios acerca del cónyuge. Las palabras tienen que estar acompañadas por gestos y acciones coherentes.

Una esposa que vale ocho vacas

Hace un tiempo leí un relato sobre alguien que visitó un pueblo en un archipiélago del Pacífico Sur. Adonde fuera este hombre, escuchaba hablar de un tal Johnny Lingo. Sea lo que sea que deseaba hacer, ir de pesca o comprar algo especial, los isleños le indicaban que la persona que tenía que ir a ver era Johnny Lingo. Parecía que Johnny era la respuesta a todas sus preguntas.

¿Quién era Johnny Lingo? Según los lugareños era el comerciante más inteligente de la isla. Tenía una capacidad increíble para los negocios. Sin embargo, cada vez que describían a Johnny Lingo y alababan sus habilidades, se reían entre dientes y se hacían un guiño cómplice. Pasado cierto tiempo, el visitante se preguntó: "Si esta persona es tan maravillosa, ¿de que se ríen?". Nadie divulgaba el secreto.

Al final, alguien decidió darle al visitante la "primicia" de este hijo favorito de la isla llamado Johnny Lingo: era costumbre que un pretendiente comprara a su esposa y pagara con vacas al padre. Una o dos vacas eran suficientes para comprar una esposa común y corriente, pero si se pagaban cinco vacas, era porque la mujer era una verdadera belleza.

Sarita no era gran cosa, era flacucha y caminaba con los hombros caídos y la cabeza gacha. Tenía miedo de su propia sombra.

El hombre rio y prosiguió: "Jamás pudimos entender cómo un hombre como Johnny Lingo, el mejor comerciante de la isla, cayó en semejante trampa de pagar ocho vacas al viejo Sam Karoo por una esposa que vale una o dos vacas a lo sumo".

Tanto intrigó este relato al visitante que pidió una cita con Johnny Lingo. Cuando se encontraron, el famoso Johnny prodigó su hospitalidad al visitante. Conversaron durante un rato hasta que el invitado le preguntó acerca de la cifra inusual que había pagado por su esposa.

"Cada vez que se hable de arreglos matrimoniales, se recordará que Johnny Lingo pagó ocho vacas por Sarita", respondió Johnny.

Justo en ese momento ingresó a la pequeña cabaña una mujer de una belleza despampanante, la mujer más bonita que el visitante había visto en su vida. Cada centímetro de su atractivo cuerpo exudaba encanto: su seguridad al caminar, su increíble sonrisa... todo en ella irradiaba un brillo especial. Johnny observó al asombrado visitante y luego explicó: "Hay muchas cosas que pueden cambiar a una mujer. Cosas que pasen en su interior o en su exterior. Sin embargo, lo más importante es lo que ella piensa de sí misma. En Kiniwata, Sarita pensaba que no valía nada. Ahora sabe que vale mucho más que cualquier mujer en la isla".

Johnny había informado a todos bien fuerte y bien claro que amaba a Sarita y que se sentía orgulloso de hacerla su esposa.

La comunicación afectiva manifestada por medio de palabras y de acciones amorosas puede lograr cosas maravillosas. Tuvo efecto en la isla y tendrá efecto también en nuestros hogares.

Temas para comunicarse antes de que sea tarde

La doctora Terri Orbuch, profesora e investigadora de la Universidad de Michigan y autora de libros relacionados con el matrimonio, ha encontrado —sobre la base de un innovador estudio desarrollado durante 25 años en 373 parejas de recién casados— que en 2012 el 46% se había divorciado. Los temas de comunicación para un matrimonio feliz fueron revelados por esas personas divorciadas:

1. Dinero. Es uno de los grandes conflictos conyugales. La recomendación en este sentido es tratar este tema con la pareja desde el principio y tener siempre un enfoque propio para gastar y ahorrar dinero.

El dinero puede causar problemas por diferentes motivos. ¿Quién lo gana y cómo lo manejan? ¿De quién es el dinero? ¿Quién decide cuánto se va a gastar y en qué cosas? ¿Qué hacen cuando no alcanza?

2. Comunicación. La doctora Orbuch sugiere también "tener diez minutos cada día para hablar de la pareja y su relación, dejando fuera todo lo demás". La clave está en revelar algo sobre ti mismo y aprender algo acerca de tu cónyuge, pues "el 41% de las personas divorciadas dicen que iba a cambiar su estilo de comunicación y el 91% de las parejas felizmente casadas dicen que saben de la intimidad de su pareja".

La intimidad puede perderse por:
Falta de respeto. Mal manejo de las emociones propias y las de la pareja. La rutina. Los problemas. La falta de límites.
¿Hay confianza y respeto en ambos?
¿Les gusta estar juntos? ¿Se apoyan mutuamente?
¿Se dan libertad personal, física y emocional?

3. La culpa. Evaluar lo que salió mal en la relación pasada en lugar de culpar. Ver cómo resolver mejor los conflictos la próxima vez es el consejo de esta especialista.

4. Afecto. "Los hombres anhelan sentirse especiales y ser notados por sus esposas". Asegura que los hombres, más que las mujeres, requieren de más afecto, que no necesariamente se traduce en sexo. Recomienda tomarse el tiempo en pareja para abrazarse, besarse, tomarse de las manos y decir: "Te amo". Dejar ir el pasado es la clave para estar en una relación feliz.

PENSANDO...

A solas:

1- Elige un día de la semana donde pases tiempo con tu pareja. Lleva un registro de las veces que te comunicaste con él/ella.

2- Selecciona las palabras que mejor te describen cuando intentaste comunicarte durante el día:

Aceptado/a - Rechazado/a
Calificado/a - Descalificado/a
Confirmado/a - Desconfirmado/a

3- Señala el nivel de comunicación que alcanzaste:

Frases hechas.
Presentar los hechos.
Opiniones y convicciones.
Sentimientos.
Comunicación de las necesidades.

4- Contesta:

¿Qué cambios necesito hacer para activar mi comunicación con mi cónyuge?
¿Qué temas necesito hablar?

En pareja:

Programar un fin de semana a solas para redescubrir la verdadera comunicación.

Para tener un matrimonio genial la comunicación profunda es esencial.

Proverbio sabio:

Las palabras amables son como la miel: endulzan la vida y sanan el cuerpo.

CAPÍTULO 6

UNA INTRUSA QUE NO INVITAMOS A LA FIESTA: LA INFIDELIDAD

La fidelidad en el matrimonio cristiano
implica una gran mortificación.
No hay hombre, por fielmente que haya
amado a su prometida y novia
cuando joven, que le haya sido fiel
ya convertida en su esposa en cuerpo y alma
sin un ejercicio deliberadamente consciente
de la voluntad, sin autonegación.

J. R. R. Tolkien, autor de El Señor de los Anillos

Una intrusa que no invitamos a la fiesta: la infidelidad

Todos los días escucho historias de infidelidad, pero más fuertes han resonado estas historias en mi propia familia. Un día común y corriente pude ver a mi propio padre sentarse en un café con una persona de sexo femenino, que no era mi madre y que parecía más que una amiga. Desde ese descubrimiento (y todo lo que implicó para mí como adolescente) hasta la aventura de uno de mis más apreciados mentores, han marcado mi posición sobre este tema. Creo que los que tienen una aventura amorosa con otra persona que no es su cónyuge rompen el contrato matrimonial a pedazos, y poder reconstruirlo es muy difícil. Pensemos lo que significa la infidelidad y cómo afecta al matrimonio.

Se podría definir la infidelidad como la defraudación, la traición a una relación, la violación de un convenio. Hay muchos tipos de infidelidades, desde la sexual (la participación en un acto íntimo con otra persona que no es su cónyuge) hasta la emocional (que implica la participación en actos emocionales íntimos con personas que se conocen personalmente o no). Estos últimos son cada vez más frecuentes y más aceptados socialmente. La infidelidad, sea el caso que sea, trae aparejados sentimientos como la culpa y los celos.

Si esta culpa no provoca un cambio inmediato, se la comienza a "domesticar".

Existen algunos mitos que se han redactado en muchas revistas populares sobre la infidelidad en el matrimonio. Veamos algunos de ellos y pensemos cómo pueden afectarnos si los creemos:

Mito 1: Todos son infieles, es lo normal y esperable.

Los porcentajes de la fidelidad son casi iguales a los de la infidelidad. El 50% do loc hombres son infieles y entre el 30 y el 40% de las mujeres también. Estos datos van en aumento en la mediana edad (entre los 35 y 45 años). Más allá de estos datos, la fidelidad sigue siendo la conducta normativa para la relación matrimonial. Las personas que son fieles disfrutan de matrimonios intactos y saludables en muchos aspectos. Creer el imaginario social que afirma que "todo el mundo lo hace", puede llevarnos a aceptar conductas que destrozan la vida de la pareja como también nuestra salud espiritual y mental.

Mito 2: Las aventuras le hacen bien al matrimonio.

Seguramente has leído esta afirmación en revistas como *Playboy* y *Cosmopolitan*. Te aseguro que el principio que rige a estos editores es que el matrimonio es algo aburrido y tedioso. Por esto mismo creen que una aventura extramatrimonial puede "ayudar" a reactivar la relación. Aun los matrimonios más progresistas se dan cuenta, con el tiempo, que las aventuras los han afectado en lo más profundo. Es paradójico pensar que para sanar una herida hay que profundizarla.

Mito 3: Las aventuras demuestran que ya no hay amor en el matrimonio.

La mayoría de las infidelidades tienen que ver con un conflicto interno del engañador. El punto clave no está en la falta de amor, sino más bien en la decisión: en tomar una opción dentro de una gama de oportunidades que decidimos "darnos". Por esto mismo, la infidelidad es un acto consciente y representa la ruptura con el pacto matrimonial. Recordemos que la mayoría de las personas que engañan dicen seguir amando a su esposa/o.

Mito 4: El otro es más atractivo que el cónyuge.

No siempre es así. De hecho, la mayoría de las causas por las que los hombres y las mujeres son infieles es porque encuentran en la otra persona capacidad de escucha, palabras amables, aceptación y asistencia emocional frecuente. La cuestión no es la superioridad del otro sobre el engañado, sino la diferencia. Por esto mismo, cuando el engañado pregunta al engañador "¿Qué tiene ese/a que yo no tenga o que yo no te dé?", la respuesta suele ser "Él/ella es diferente" o "Él/ella me escucha, me valora, etc.".

Mito 5: La aventura sucede por culpa del cónyuge engañado.

Un pensamiento recurrente en los consultorios de terapia familiar ha sido la falsa idea de que el engañado se lo buscó, fue parte u obligó al "pobre" engañador a cometer tal aventura. Es una locura pensar esto. Hay investigaciones donde uno de los cónyuges ha tratado de inducir a su pareja a tener una aventura extramarital y el resultado es nefasto: no la tuvieron.

Como afirman muchos terapeutas y consejeros pastorales, la fidelidad es la regla y cuando uno se casa desea exclusividad.

Frank Pittman[1], especialista en cuestiones de parejas y recuperación de matrimonios donde ha habido acciones de infidelidad, afirma que:

- La infidelidad no es una conducta normal, sino un síntoma de algún problema.

- Las aventuras son peligrosas; pueden arruinar el matrimonio de manera fácil e involuntaria.

- Las aventuras pueden ocurrir en matrimonios que, hasta ese momento, han sido bastante buenos.

- Las aventuras que implican una relación sexual no necesariamente tiene esta como finalidad.

- Nadie puede incitar a otro a tener una aventura.

- Las aventuras son alimentadas por el secreto y amenazadas por el desenmascaramiento.

- Los matrimonios pueden, con esfuerzo, sobrevivir a las aventuras si las ponen al descubierto.

¿Cómo ser fiel en medio de la infidelidad?

Hace unos meses la bomba estalló. El director del FMI (Fondo Monetario Internacional) tuvo relaciones sexuales con la mucama de un hotel. Cuando estaba tomando el vuelo de regreso a su hogar, fue detenido. Renunció a su cargo y tuvo que pagar un millón de dólares para no ir a prisión.

---

1 Tomado del libro *Mentiras privadas* de F. Pittman, Amorrortu, Buenos Aires, 1989.

Unos años antes, el ex gobernador de California, Arnold Schwarzenegger y su esposa, Maria Shriver, se separaron después de que él le reveló que había tenido un hijo con una de las empleadas de la casa. El hijo había nacido hacía más de una década. Schwarzenegger emitió una declaración explicando que él le había contado a Shriver la existencia del hijo después de dejar la gobernación. En una entrevista al diario de Los Ángeles, Schwarzenegger dijo: "No hay excusas. Asumo toda la responsabilidad por el dolor que he causado". La pareja anunció en una manifestación conjunta que se habían separado después de 25 años de matrimonio.

Otro famoso, Tiger Woods, el mejor golfista de la historia, reveló su debilidad. Acorralado por rumores y comentarios sobre relaciones extramatrimoniales, Woods admitió, a través de un comunicado en su sitio web, que cometió "transgresiones", por las que pidió disculpas de forma pública. "He traicionado a mi familia y lo lamento con todo mi corazón. No he sido fiel a mis valores ni al comportamiento que mi familia se merece. Tengo defectos y estoy muy lejos de ser perfecto. Estoy atendiendo mi comportamiento y mis fallas en la intimidad junto con mi familia. Esos sentimientos solo deben ser compartidos por nosotros", expresó Woods.

¿Cómo reaccionas ante una infidelidad?

Esta pregunta fue realizada en un blog y las respuestas que recibieron fueron precisas, variadas y bizarras. Leamos:

• A gritos, como la nena de la película *El exorcista*.

- Como reaccioné... porque me pasó... Dije: "Bueno, si vos tenés derecho, yo también". Y me convertí en una verdadera perra.

- Dejo a mi pareja, al menos por un tiempo hasta que reflexione sobre lo que hizo.

- No la he experimentado, no sé cómo reaccionaría. Sí sé que la traición me transforma, es el dolor más profundo que puede causarme un ser querido.

- Mal, lo mato. Soy posesiva. Pido sinceridad, prefiero una verdad que duela que una mentira que no me haga sufrir.

- Aprieto "delete" y lo borro automáticamente de mi vida, pasa instantáneamente al cuarto del olvido.

- Le dije que se fuera de la casa. Hablé con el abogado y comencé los trámites de divorcio. Semejante mentira no se perdona nunca.

- Lo descubrí, lo quería acogotar, ¡lloré, grité, lo insulté! Lo eché esa noche... ¡Ocho meses de casada y buscando un bebé!

Cuando establecemos una relación de pareja (llámese noviazgo, matrimonio o como sea) firmamos un contrato implícito de mutuo compromiso. Este contrato tiene ítems que muchas veces no son leídos por alguno de los integrantes, o si los ha leído, no los cumple. Al romperse el contrato, no se puede seguir adelante sin una restauración del daño.

Ser infiel es desarticular la vida del otro. Una imagen que viene a mi cabeza es la de una biblioteca llena de libros ordenados que es, literalmente, tirada abajo. Removida y con los libros en el suelo, la persona que protagoniza la traición debe comenzar a restaurar la biblioteca. Algunas de las personas que opinaban en el blog lo decían de alguna manera: gritos, venganza, alejamiento, dolor, transformación, mentira, divorcio. La infidelidad rompe la relación. Los hebreos tenían una palabra para darle significado a la infidelidad: la muerte de la relación.

Los especialistas reconocen que la infidelidad es una transgresión bastante común que "rompe con pactos preestablecidos", y es generalmente vivida como una "traición muy dolorosa".

No obstante, en las últimas dos décadas, el rechazo social a ese tipo de conductas ha ido cediendo ante la proliferación de "permisos" y nuevas formas de relación.

Un estudio de UC-Adimark, por ejemplo, reveló que el 84% de los hombres de hasta 34 años condena cualquier vinculación íntima paralela a la de la pareja. Pero esa proporción disminuye a casi la mitad al indagar en el parecer de los hombres casados de hasta 60 años. En el caso de las mujeres adultas de hasta 34 años, otro abrumador 91,6% condena la flexibilidad sexual en la pareja. En otras palabras, para jóvenes de ambos géneros, representados por un 87,5%, no hay "anuencia" para una aventura extramarital, mientras que los mayores de 35 se muestran más permisivos frente a esos avatares.

Otra estadística que ahonda en las consecuencias de esos "desvíos" afectivos revela que en los países occidentales solo el 35% de las parejas se sobrepone al adulterio, mientras que el 65% de las parejas se separa o disuelve.

Si observamos detenidamente, son los jóvenes quienes, de alguna manera, condenan la infidelidad. No son flexibles a las nuevas formas de relaciones, donde abundan los "permisos". Una explicación a este fenómeno la da el neurólogo, psiquiatra y sexólogo, especializado en Oxford, Enrique De Rosa, quien declara que las nuevas generaciones, por ser hijos de padres divorciados, "han padecido más en concreto la desestructuración familiar. Por eso, cuestionan y se rebelan ante el modelo de sus padres".

"Los adúlteros que se valen del engaño de la pareja son personas que, por su propia estructura de personalidad, desconocen la validez o la existencia de límites. En ese sentido, son personas egosintómicas, es decir, más conectados con ellos, sus necesidades y pulsiones, y con la concreción de su propio contrato interno que con el establecido en la pareja", dice De Rosa.

La señora del libro roto

Me encontraba en un avión de regreso a mi hogar. Después de una semana intensa de trabajo, quería estar en mi cama. Desde mi asiento, veía a una mujer con un libro entre sus manos. Confieso que cuando veo a alguien con un libro trato de leer el título y el autor. Es un defecto personal.

Comenzamos el vuelo, todo iba muy lineal hasta que algo irrumpió mi serenidad. La señora hizo algo que nunca, pero nunca, en mi vida haría. Leía su libro y cuando terminaba un capítulo, arrancaba las hojas. Sí, ¡estaba deshojando el libro! Luego le sacó la tapa y la contratapa, ya que le obstaculizaban sacar los siguientes capítulos. Traté de entenderla, pero no pude: lo que hacía era una locura incomprensible.

Fue una experiencia desagradable. Me quedé pensando en lo que esa acción podría representar. Y pude conectarlo al tema de las relaciones. Creo que las relaciones de pareja se dan en un marco de mutuo consentimiento; llamemos a esta relación, el libro. Su tapa, su contratapa y su lomo aseguran que las hojas permanezcan unidas. Estos elementos representan lo implícito del cuidado mutuo: fidelidad, ánimo, contención, escucha, etc. La historia que se desarrolla es la historia compartida, la historia que forma parte de nuestro calendario vivencial y que alimenta la relación, o el libro. Esta dama sacó la tapa, la contratapa y el lomo, provocando que el libro se deshojara. Al no haber límites, todas las hojas se desprendieron.

Cuando ocurre la infidelidad, la historia tiene un vuelco, un episodio desagradable. Un vuelco, porque irrumpe y modifica la perspectiva de la relación, todo se pone patas arriba. Es una sorpresa, porque nadie espera esa noticia; de hecho, pocos la creen hasta que las fotos, la confesión y las pruebas se hacen presentes. Un episodio desagradable es como una fruta amarga. No podemos saborear nada de lo ocurrido. Ese mal gusto se impregna en nuestra relación y lo dulce se convierte en amargo.

Mi compañera circunstancial, luego de terminar su libro, lo tiró a la basura del avión. Y eso me dio esperanza. Esperanza de un nuevo comienzo, de un nuevo libro, con hojas delicadas, llenas de color, con un cosido fuerte, con personajes que disfrutan en cada página. Con una estructura que le permita a todo el corpus mantener el pacto de estar juntos y no permitir el ingreso de ningún personaje externo que deshoje esta aventura tan hermosa de permanecer juntos y de disfrutarse en fidelidad.

PENSANDO...

A solas:

1- Contesta:
¿Cuáles serían las causas para serle infiel a mi pareja?

2- Completa la frase:
Le soy fiel a mi cónyuge porque...

En pareja:

Inviertan en su matrimonio. Protejan su matrimonio. Intencionalmente (hacia el otro)...

Envía un mensaje de texto.

Cómprale un regalo.

Llámalo/a.

Invítalo/a a una cita creativa.

Renueva tu compromiso.

Concreta una entrevista con un consejero para pedir orientación.

Proverbio hebreo:

¡Bendita sea tu fuente!
¡Goza con el esposo/la esposa de tu juventud!
... ¡Que su amor te cautive todo el tiempo!

CAPÍTULO 7:
EL CICLO VITAL FAMILIAR

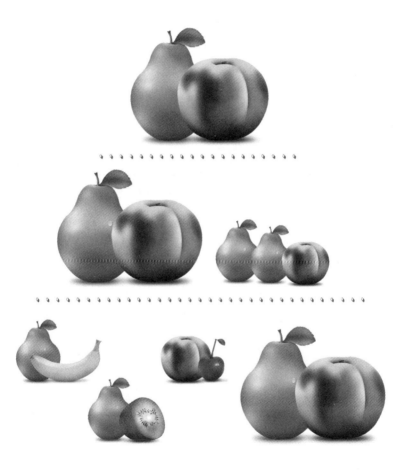

Muchos matrimonios serían felices
si el marido y la mujer claramente
entendieran que están en el mismo lado.

Zig Ziglar

El ciclo vital familiar

Aunemos criterios cuando hablamos de "familia". Una de las definiciones que comparto, proveniente del campo de la orientación familiar, es la que afirma que la familia es la interrelación de un grupo de personas ligadas por lazos de sangre (o tronco común), constituida formalmente a partir de un acuerdo libre y explícito de un hombre y una mujer, con una donación total y exclusiva, unidos definitivamente para su propio crecimiento personal, la procreación y la educación de los hijos, con reglas básicas jerárquicas orientadas al bien común. Podemos leer entre líneas que, en una familia, las personas son un regalo, y el darse es en función de acompañar al otro en su desarrollo integral, esto es, biológico, emocional, intelectual, social y espiritual.

La familia es la comunidad donde el ser humano no se siente solo, porque nace para ser valorado, amado y educado. Donde cada uno vela por el otro. Es menester que las familias comprendan su inversión. Sin una familia, un bebé abandonado no puede sobrevivir; un niño abandonado no puede saber, conocer, entender su lugar en el mundo; un adolescente abandonado no puede soportar la soledad; un adulto abandonado no puede darse, mejorarse y disfrutar de otro. La familia es la comunidad primigenia donde el ser humano tiene identidad: es hijo, es padre, es madre, es alguien más allá de sus capacidades y competencias. Más allá de lo que otros puedan decir, en una familia uno es alguien sin la necesidad de ganar ningún título. La familia es el lugar natural para aprender a ser persona y a ser amado.

Las familias atraviesan distintos tipos de cambios o crisis: las evolutivas y las inesperadas. Las crisis evolutivas son las que forman parte de la vida normal, son esperables y tienen relación con las etapas de desarrollo que vive cada uno de sus integrantes (infancia, adolescencia, adultez, etc.). Las crisis inesperadas son aquellas que nos llegan sin avisar, provocan ansiedad y nos dejan perplejos (muertes prematuras, pérdidas de empleo, exilio forzoso, divorcio del matrimonio). Nos ocuparemos de las crisis evolutivas.

La familia vive una serie de cambios en su ciclo vital. La familia cambia porque cambian las personas: en edad, intereses, proyectos, etc. Una familia no es lo mismo con un hijo, que con dos o tres. Cuando estos niños comienzan la escolarización, la familia cambia nuevamente. En cada transformación etaria que viven sus integrantes, la familia vuelve a cambiar. Los cambios no siempre son previstos, y por eso mismo causan ciertas incomodidades. A estos cambios los podemos llamar crisis, siempre que los entendamos como oportunidades de crecimiento que nos demandan flexibilidad los unos con los otros. Se define como funcional a la familia que logra esta flexibilidad y que tiene la capacidad de actualizarse frente a los cambios madurativos de los integrantes, así como también de los cambios a nivel grupal. Las familias disfuncionales son aquellas que se mantienen rígidas y que son poco adaptativas, porque creen que la homogeneidad y la homeostasis (mantenerse igual, de la misma forma o estado) son la norma y ven a los cambios como amenazas. Por eso responden a ellos con tensión y con falta de comprensión a la nueva realidad que experimentan.

Los seres humanos tenemos ciclos vitales, es decir, etapas vivenciales que representan diferentes formas de ver el mundo, a los demás y a uno mismo. Somos concebidos, nacemos, somos bebés, luego infantes, vivimos la adolescencia, la juventud y desembocamos en la adultez, para luego disfrutar de la ancianidad. Estas etapas en las familias tradicionales son:

Matrimonio o constitución de la pareja
Familia con hijos en edad preescolar
Familia con hijos en edad escolar
Familia con hijos adolescentes
Familia con hijos jóvenes
Familia con hijos adultos
Reencuentro del matrimonio

¿Cómo es cada etapa?

Constitución de la pareja (matrimonio)

Es la formación de un nuevo sistema relacional a partir de modelos heredados de la familia de origen. Es un tiempo de adaptación, negociación y resolución de conflictos intenso. Los involucrados en esta nueva relación deberán formar una nueva identidad como núcleo vincular. En los primeros tiempos se vive con cierta idealización y lo externo no afecta en lo más mínimo a la alianza matrimonial. Los amigos, los familiares y el trabajo son el "afuera". Poco a poco, la pareja se hace permeable y se transforma en un sistema abierto a la convivencia con otros individuos que forman parte de su contexto social. Si esto no sucede, puede provocar el aislamiento de la pareja y convertirse en un sistema relacional cerrado (toda influencia externa es tomada como una amenaza).

Es muy importante el fortalecimiento de la pareja para vivir con salud la próxima etapa. Existen ocasiones donde en esta etapa no se logran los encajes necesarios y se piensa que los desacuerdos se dispersarán con la presencia de los hijos, cosa que no ocurre. Los temas en discordia retornarán en la etapa del nido vacío con más fuerza y generarán mayores conflictos en la pareja. El matrimonio debe continuar trabajando los desacuerdos. La comunicación marital provoca una relación cada vez más rica y saludable. Los esposos deben ejercitarse en descubrirse diariamente y disfrutarse el uno al otro. Si pensamos en función de la teoría de los conjuntos, el matrimonio sería el conjunto inclusivo de los demás subconjuntos o subgrupos de relaciones: hermanos, madre-hijos, padre-hijos, etc. Sin el matrimonio, todos los subgrupos se ven afectados en sus relaciones.

Familia con hijos en edad preescolar

Esta etapa es vivida con diferentes cambios que deben ser tenidos en cuenta no solo por la pareja, sino también por la familia extendida. Aquí aparecen nuevos roles. El padre, la madre, los tíos, los abuelos se apropian de un rol, de un título que conlleva funciones. Esta funciones propias de cada rol deben poner su énfasis en el desarrollo físico, emocional, intelectual, social y espiritual del nuevo integrante de la familia. La pareja vive una asociación en pos del cuidado de su hijo/a.

Tanto la madre como el padre cumplen diferentes funciones dentro del marco familiar con el objetivo de brindarle a su hijo/a la inclusión, el cuidado y la contención necesarias para que crezca saludablemente. Ahora bien, si la pareja no ha resuelto ciertas cuestiones en el matrimonio, puede crearse una alianza entre la madre y el bebé, lo que resultará en un esposo y padre alienado. Cuando esto sucede, el padre cree tener un lugar secundario. La díada madre-bebé no debería extenderse en el tiempo. Es importante acordar los límites para la familia extendida en la crianza del bebé. Si esto no se aclara desde un primer momento, aparecen los conflictos con los abuelos y los tíos. Ellos deben aprender a sintonizar con la forma de crianza que han decidido los padres. El matrimonio debe seguir invirtiendo en su desarrollo para que el bebé crezca en un ambiente de amor, respeto y comunicación afectiva.

Valores para esta etapa:

Responsabilidad: Se requiere repensar las nuevas responsabilidades a partir del nacimiento de los hijos. Esto implicará adoptar nuevos desafíos en pro de la educación y el desarrollo integral de cada miembro de la familia.

Paciencia: Los niños pequeños son un gran desafío para los nuevos padres, y para esto deberán desarrollar paciencia para su sana convivencia y crianza.

Sociabilidad: Los padres comienzan a experimentar una extensión o ampliación del círculo social con otras familias que conozcan en los ámbitos sociales que comenzarán a transitar sus hijos (jardín, colegio, club, etc.). Pedirán ir a la casa o al cumpleaños de sus nuevos amigos y esto abrirá las puertas de la familia a otros. Por lo tanto, requerirá de la capacidad de sociabilizar con otras personas.

Obediencia: Las pautas, los límites y el respeto son esenciales. Los niños necesitan conocer con claridad las reglas que tiene la familia y obedecerlas. También la congruencia de los padres es una muestra de que también ellos como adultos son obedientes con lo que pregonan.

Familia con hijos en edad escolar

Esta etapa es una de las que presenta mayores desafíos para los padres. Han cuidado y atendido a su hijo/a en un ambiente seguro, conocido y controlable. Las acciones de su hijo/a hasta ahora se realizan dentro del marco de la red social de los padres y pueden ser corregidas según los criterios educativos de los adultos conocidos. Con la escolarización de los niños, se amplía la red social y se vinculan con otros adultos significativos para ellos (maestros, directores, etc.). También el hijo expone socialmente la educación adquirida en el entorno familiar. Los padres saben (o mejor dicho, sabemos) que la imagen que presenta nuestro/a pequeño/a a la sociedad es más o menos parecida (sino idéntica) a nuestra imagen. Esto se puede vivir como algo positivo, dándole seguridad personal al niño. También se puede experimentar temor e inseguridad por lo que los demás pueden enseñarle a nuestro/a hijo/a, provocando dificultades en la adaptación (ejemplo: cambios constantes de colegios, demandando a las instituciones educativas funciones propias de los padres). Las actitudes dependerán de cuán rígido o flexible es el sistema familiar que han constituido.

Familia con hijos adolescentes

Generalmente es imaginada o vivida como una de las más cambiantes a nivel personal y familiar. Los chicos crecen y los padres también, por lo tanto, ambos tienen crisis de crecimiento. Los adolescentes buscan diferenciarse del adulto. Aparecen los cuestionamientos a ese adulto conocido. Es un tiempo de replanteamientos y de despegue, donde el contexto social del hijo cambia. Los adultos toman un segundo plano y los amigos, sus pares, comienzan a ser vistos como consejeros influyentes. Los adolescentes se realizan preguntas que muestran su confusión de identidad a todo nivel. Todas las enseñanzas transmitidas desde su niñez son evaluadas, cuestionadas y repensadas. No necesariamente son negadas. El logro en esta etapa es descubrir quién es, su originalidad, ¡y disfrutarlo!

Los adultos, por su parte, comienzan a transitar lo que se denomina la mediana edad, donde también se da un un replanteamiento de lo logrado hasta este momento de su vida, qué es lo que quiere y hacia dónde se dirige. Comienza a cuestionarse si lo que hace (su trabajo) tiene que ver con su vocación. Tiene como reto no estancarse, no convertirse en un adolescente más en el hogar, cosa que habitualmente sucede con los adultos que no quieren crecer.

La familia, en esta etapa, tiene los siguiente desafíos:

Para el adolescente: Lograr la madurez emocional, confiar en sí mismo y adoptar mayores responsabilidades que le ayudarán a regular su conducta. Aceptar los límites familiares.

Para el adulto: controlar su vida emocional (lograr cierta estabilidad en sus sentimientos). Desarrollar serenidad y seguridad (saber dónde está), capacidad de adaptación social, cultural y familiar, capacidad de cuidar (de otros y de él mismo). Aceptar y dar reconocimiento (valoración).

Claves para transitar esta etapa (donde ambos se necesitan mutuamente para crecer):
- Ser puntos de apoyo (significa aceptación más allá de los logros).
- Generar confianza.
- Distancia prudencial.
- Respeto mutuo.
- Comunicación (cómo digo lo que digo, cómo escucho).
- Empatía (ponerme en los zapatos del otro sin creer saberlo todo).
- Tolerancia (capacidad de respetar los tiempos del otro).

Por último, esta etapa es donde menos se ven los frutos del esfuerzo familiar. Quizás cuando llegue la adultez de los hijos permita que estos revaloricen a sus padres. Entender la vida como un proceso es esencial para convivir saludablemente.

Valores para esta etapa:

Orden: Los hijos están sociabilizando cada vez más y sus círculos sociales se amplían. Su desarrollo físico les permite manejarse con autonomía. Para esto la familia necesitará un orden en aspectos como horarios, salidas, tiempo de estudio, etc. Cada miembro deberá involucrarse en el orden para lograr una convivencia armónica.

Pudor: La tendencia es cada vez mayor a desvalorizar el pudor. La influencia externa promueve no tenerlo y "liberarse" (medios de comunicación, Internet, etc.). La familia deberá desarrollar la capacidad de cuidar el pudor en sus palabras, en su exposición emocional y física, enseñando la importancia de valorarse por medio del cuidado de la intimidad y no hacer de esta un espectáculo.

Sencillez: La familia deberá trabajar en pos de sostener, mantener y disfrutar sus convicciones. Las influencias del consumismo en los hijos adolescentes (y también en los adultos, por supuesto) es cada vez mayor y demandará energías para contrarrestarlas por medio del contentamiento. Para esto será vital reconocer que el valor de cada uno reside en ser uno mismo y desarrollar una identidad que sea compatible con los valores más altos de la humanidad. Esto permitirá que no se imiten imágenes falseadas del ser humano.

Familia con hijos jóvenes

El hijo joven alcanza la madurez, es decir, independencia económica, relaciones a largo plazo y el desprendimiento emocional necesario para largarse a la sociedad como un ser que tiene algo que aportar. Ahora bien, esta salida del hogar muchas veces no se logra. Hay hijos que se quedan, de manera indefinida y por diferentes motivos.

Factores que promueven la permanencia indefinida

En primer lugar, debemos entender que la incubadora de estos jóvenes ha sido la competitividad. Al estar en casa cómodos, con la posibilidad de estudiar a largo plazo y no asumir responsabilidades económicas, el joven se ha configurado así. Paulatinamente, ha negociado con sus padres la transgresión del mandato social que lo empuja a la madurez o, por lo menos, a asumir mayores desafíos. El miedo de los padres al fracaso de su hijo ha paralizado a estos jóvenes.

En segundo lugar, las crisis económicas a nivel mundial han frenado las posibilidades de desarrollo económico en muchos hogares y la demanda laboral es escasa. Por esto, el joven se resguarda en el hogar paterno. Pero, a su vez, aquellos que logran ciertos estándares de vida saben que se verían perjudicados al irse a vivir solos (gastos de alquiler, de comida, de lavandería, etc.).

En tercer lugar, los jóvenes se encuentran con un panorama diferente en cuanto a las relaciones sociales. Zygmunt Bauman lo expresa así: "Las conexiones son relaciones virtuales". A diferencia de las relaciones a la antigua (por no hablar de las relaciones "comprometidas", y menos aún de los compromisos a largo plazo), las relaciones de hoy parecen parecen estar hechas a la medida del entorno de la moderna vida líquida, en la que se supone y espera que las "posibilidades románticas" (y no solo las "románticas") fluctúen cada vez con mayor velocidad entre multitudes que no decrecen, desalojándose entre sí con la promesa "de ser más gratificante y satisfactoria" que las anteriores. A diferencia de las "verdaderas relaciones", las "relaciones virtuales" son de fácil acceso y salida. Parecen sensatas e higiénicas, fáciles de usar y amistosas con el usuario cuando se las compara con la "cosa real", pesada, lenta, inerte y complicada. Un hombre de Bath, de 28 años, entrevistado en relación con la creciente popularidad de las citas por Internet en desmedro de los bares de solas y solos y las columnas de corazones solitarios, señaló una ventaja decisiva de la relación electrónica: "Uno siempre puede oprimir la tecla 'delete'".[1]

Esta realidad ha acentuado el temor a establecer vínculos profundos. Todos sabemos que abrir nuestro corazón implica un grado de exposición y posibles heridas provocadas por una ruptura. Los adolescentes eternos, como se los llama, son testigos de la disolución de su familia y no quieren repetir la historia. El miedo a no ser tomados en serio los lleva a no tomar en serio sus relaciones. También se sienten solos con mayor frecuencia.

¿Cómo acompañarlos a lograr la madurez?

- Aceptar que es inmaduro.
- Creer que puede madurar.
- Ayudar a reconocer sus limitaciones y sus posibilidades.
- Animar a tomar decisiones en aspectos como establecer relaciones interpersonales estables, tener un rumbo vocacional firme, determinar si se apropiará de su herencia espiritual.
- Visualizar sus recursos (sus estudios completos, recursos tecnológicos que les permiten contactar con mayores oportunidades laborales, capacidad de adaptación en diferentes ámbitos profesionales).

1 Tomado de *Amor Líquido* de Z. Bauman, Editorial Fondo de Cultura Económica, Buenos Aires, 2005.

Familia con hijos adultos

Es el desprendimiento de los hijos de la familia de origen para formar su propia familia. Es aquí donde se debe disfrutar el logro de haber aportado, formado y acompañado a los hijos para que tomen vuelo. Siguiendo con la analogía, ellos van a construir su propio nido y se continúa así con el ciclo vital familiar. Es un desafío despegarse de sus hijos para que estos se desarrollen en sus nuevos roles como esposos y, luego, como padres. Es aquí donde pueden surgir inconvenientes, ya que existen familias a las que les cuesta dar el salto y, si lo dan, lo hacen con cierto dolor. Los padres deben acompañar a sus hijos en las nuevas responsabilidades que asumen. Los hijos adultos deciden organizarse más allá de la familia de origen y crear un ambiente familiar propio, con sus reglas y costumbres. Los padres no deben intervenir en esta nueva construcción si no son invitados. Por el contrario, tienen que promover la emancipación total de los hijos.

Los padres que quedan en casa perciben el vacío dejado por los hijos. Las habitaciones, las comidas, cada lugar y momento compartidos son testigo de que algo falta, que hay espacios vacantes. Es entonces donde se pone a prueba la fortaleza matrimonial en el reencuentro de los esposos.

Valores para esta etapa:

Amistad: Muchos matrimonios se vienen relacionando en "automático" y faltan puntos, como también espacios, de diálogo. Es por esto que volver a desarrollar la amistad entre esposos puede fortalecer el matrimonio que se reencuentra, revitalizándolo nuevamente después del tiempo de crianza de los hijos.

Comprensión: En esta etapa donde aún se sigue en actividad pero que existe una crisis de identidad personal y vocacional, será esencial trabajar la comprensión empática entre los esposos para "hacer de la rutina o lo ordinario del día a día algo extraordinario" (Andrea Saporiti).

Sinceridad: Poder ser íntegro en lo que comunicamos y una escucha activa de parte de los esposos dará oportunidades para que la sinceridad sea desarrollada en medio del matrimonio. Ser claros respecto a la situación personal, los sueños y los proyectos aún no realizados permitirá a los esposos abrirse a nuevos desafíos personales y conyugales.

Reencuentro del matrimonio

Los desafíos que conlleva son múltiples y variados. El matrimonio se enfrenta a su moratoria relacional, es decir, a la inversión que han realizado como pareja, el uno al otro, durante la crianza de sus hijos. Esta moratoria puede ser positiva si se han dado tiempo y recursos emocionales para seguir creciendo como esposos. O puede desnudar la realidad que han vivido durante los últimos años: los esposos son dos desconocidos. El reencuentro puede ser conflictivo o una gran oportunidad para revalorizarse mutuamente y disfrutar de lo logrado (hijos, nietos, ahorros, viajes, etc.).

Esta etapa muchas veces coincide con el fin de la vida laboral, llamada generalmente jubilación. Hay cambios significativos en la agenda, hay más tiempo libre, que puede ser visto de manera positiva o negativa. Tener más tiempo puede representar tener que relacionarme con ese "desconocido" que vive conmigo o puede significar más tiempo para disfrutar con mi esposo/a. También se puede retomar un hobby postergado por el trabajo formal, realizar proyectos nuevos y pasar tiempo con sus nietos. La edad madura del matrimonio no significa que ya no son productivos, todo lo contrario: tienen experiencia, ganas y tiempo. Elementos suficientes para seguir siendo productivos para ellos mismos y para los cercanos.

Otro desafío es desarrollar un nuevo rol: abuelo/a. Los abuelos son soporte a la familia de sus hijos, son los portadores de la historia familiar. ¡Revaloricen la relación con sus hijos y disfruten de sus nietos! La *abuelitud* es una etapa para tener una influencia positiva en las nuevas familias conformadas por sus hijos.

Valores para esta etapa:

Laboriosidad: Trabajar es una de las tantas formas de sentirse vivo y útil. El deber en diferentes actividades permite mantener con fortaleza y vitalidad a las personas en esta etapa. El tiempo disponible, al ser mayor y quizás jubilado, es una ocasión muy buena para hacer cosas que siempre se han deseado pero nunca se han llevado a cabo. Es un buen tiempo para ser parte de proyectos solidarios y religiosos.

Justicia: Ser justo con uno mismo, pero también con los demás, puede favorecer el tránsito de esta etapa. El nido vacío y el alejamiento de los hijos requerirá un trato justo de parte de los padres. Los hijos están formando una nueva familia y esto es saludable. Es justo no impedirlo por medio de la manipulación o por medio de la hiperprotección. Como también es justo que el reencuentro entre los esposos sea para poder disfrutar y darse a programas que antes, quizás por ser una familia numerosa o estar avocados a las cuestiones que demanda la crianza de los hijos, no pudieron realizar (viajes, salidas espontáneas, compras, etc.).

Patriotismo: Como abuelos o como ancianos son portadores del legado familiar, de la historia y las costumbres propias de la patria. Es importante tomar una posición educativa hacia los hijos y los nietos para que estos valoren y cuiden los logros de las generaciones anteriores.

> ***PENSANDO...***
>
> ***A solas:***
>
> 1- Contesta:
> ***¿Qué etapa del ciclo familiar estoy viviendo? ¿Cuál/es disfruté más? ¿Por qué?***
>
> 2- Escribe una lista con las virtudes destacadas de tu cónyuge.

En pareja:

Disfruten esta etapa.

Lee a tu pareja el listado.

Agradece a Dios por él/ella.

Propongan cambios para mejorar.

Viejo refrán:

*Con sabiduría se construye la casa;
con inteligencia se echan los cimientos.*

CAPÍTULO 8

MI MATRIMONIO VIENE CON PREMIO (HIJOS DE UN MATRIMONIO ANTERIOR)

Toda persona que se casa
no lo hace con una mujer o un hombre,
sino con toda su familia.

Mi matrimonio viene con premio
(hijos de un matrimonio anterior)

Las familias ensambladas muestran una forma de resiliencia, un recomenzar, más allá del dolor. Es el triunfo de la esperanza sobre la experiencia. Es una segunda oportunidad en su más puro sentido. Estas familias pueden ser saludables, con matrimonios fortalecidos e hijos con un legado filial esperanzador.

El objetivo de este capítulo es profundizar sobre el proceso individual y familiar de esta clase de relaciones, así como cuáles son las etapas evolutivas de la nueva familia y cuáles los desafíos que tienen que sobrellevar con amor y flexibilidad.

La familia ensamblada es una nueva oportunidad en la formación de una familia, es volver al camino de la vulnerabilidad relacional. Es decir, es volver al ruedo pero con experiencia. Es compartir nuestros sentimientos, secretos y lo más íntimo con otro/a nuevamente, pero, a diferencia de la soltería, del divorcio o de la viudez sin hijos, en este caso hay más corazones que intervienen. Muchos tienen temor de comenzar de nuevo cuando tienen hijos, temen no solo ser lastimados ellos, sino también que sus hijos lo sean. Los vínculos intrafamiliares dentro de estas nuevas familias son de considerable importancia, vínculos que se dan en el tiempo. Los investigadores de las relaciones en las familias ensambladas hablan de entre tres y siete años para que se logre el ensamblaje, si se logra.

La familia ensamblada, ¿cómo se integra al ciclo vital familiar?

Generalmente se toman dos posturas. Una sostiene que la familia ensamblada se ha apartado de este ciclo vital familiar. La otra afirma que se debería integrar a la ruptura dentro del ciclo, con sus cambios y matices particulares.

La familia ensamblada es la convergencia de dos ciclos vitales familiares, es decir, dos historias familiares diferentes que se unen para formar una. Parece complejo y, de hecho, lo es. La flexibilidad de los involucrados en esta nueva relación permite que esto sea posible, sin dejar de tener conflictos interpersonales en cada subgrupo (hermanos, matrimonio, ex parejas, etc.). Estos cambios pueden ser interpretados como evolutivos o como inesperados.

Desde el punto de vista evolutivo deberíamos decir que el divorcio es un paso de crecimiento para la familia y para los proyectos personales. Es discutible esta postura, pero siempre hay que entender el contexto y la situación particular de los involucrados. Todos sabemos que existen personas que desarrollan sus potencialidades después de divorciarse o hijos que esperan con ansias el divorcio de sus padres por la situación de violencia que viven cada día.

La segunda mirada sobre el divorcio y los cambios es la que indica que el divorcio es inesperado. Me adhiero a esta postura en un alto grado, ya que entiendo que nadie se casa para divorciarse. Veremos a la familia ensamblada y sus etapas evolutivas dentro de este marco. Esto nos permitirá entender a la familia ensamblada como una familia dispuesta a los cambios y a los ajustes. El desafío de cada familia ensamblada es ser una familia funcional.

Etapas en una familia ensamblada

Ruptura familiar[1]

Esta etapa está representada, en primera instancia, por un estado de confusión, inseguridad y distanciamiento de los esposos.

Se acepta el problema de la pareja y se buscan alternativas de ayuda como amigos, terapeutas y otros. Si esto no da los resultados esperados se comienza a aceptar que los inconvenientes de la pareja no tienen solución y se comienzan a percibir como una pareja rota. Si se da con cierta salud emocional, los involucrados aceptan sus responsabilidades en la ruptura. En una segunda instancia se involucra a los hijos, a la familia extensa (padres, hermanos, etc.), a los amigos y a los terapeutas. En un tercer momento la pareja debe llegar a acuerdos razonables con el fin último de no dañar —o dañar lo menos posible— las relaciones creadas a partir del matrimonio (hijos-padre, hijos-madre, nietos-abuelos, etc.). La resolución de los problemas que surgen de la custodia, las visitas, la vivienda y los recursos económicos deben ser trabajados entre los adultos y si es necesario buscar ayuda

---

1 Proceso de ruptura de la relación marital basado en Carter y McGoldrick, 1980.

externa (abogados, mediadores, etc.). Pueden surgir también inconvenientes con la familia extensa por la frecuencia de las visitas y la posible desaparición del vínculo establecido.

Cuando la separación se concreta surge el duelo por la creencia de la familia ideal. Se debe aceptar la nueva realidad familiar (vivir separados) y revalorizar las relaciones filiales y con la familia extendida. Debe existir el deseo de cooperar en las funciones parentales y entenderse dentro de un rol que es intransferible (ser papá, ser mamá). Hay que trabajar para establecer una relación lo más funcional posible para el cuidado y desarrollo de los hijos. Por último, es de suma importancia concretar el divorcio emocional, superando las heridas, la culpa, la angustia. En este tiempo se puede presentar la falsa expectativa de la reunificación. Si esto no sucede, se rompe la ilusión y se debe asumir la ruptura final. Para los hijos es importante mantener el contacto con su padre o madre (quien no cohabita con ellos) y con la familia extendida (abuelos, tíos, primos, etc.).

Período intermedio

Transitar esta etapa de manera saludable puede dar como fruto relaciones exitosas futuras. Es un momento para pensar en la reconstrucción de la vida amorosa y aun en una nueva familia. El período total de recuperación debe ser de entre dos y cuatro años, y esto no es arbitrario: es el tiempo en el cual la persona separada vive procesos emocionales, como confusión y soledad, provocados por uno de los eventos más duros que una persona puede vivir, el divorcio. A veces, la persona divorciada vive un distanciamiento del grupo social de apoyo que era compartido por el matrimonio. Esto sucede para evitar dar explicaciones o para no rememorar circunstancias del pasado.

Las relaciones con la familia consanguínea se deben recuperar de a poco, ya que son fuente de apoyo en este tiempo. Los amigos íntimos también son importantes en la recuperación. Es en este tiempo cuando se deben purgar los sentimientos para volver a empezar. No pasar por este proceso puede devenir en tener aventuras amorosas que traerán como resultado experiencias más dolorosas que las que se han tratado de "tapar". El tiempo y la espera son grandes maestros.

Proceso de reestructuración

Antes de desarrollar estos momentos, debemos comprender cabalmente que en las familias ensambladas la situación relacional es compleja, como en cualquier vínculo familiar. Hay que abandonar el pensamiento idealizado de "la nueva familia feliz" y trabajar conjuntamente para que todos los miembros de la nueva familia sientan que son parte y son valorados. Muchas veces los adultos creen que su felicidad es compartida por los hijos y no siempre es así. Es más, se cree que una madre o un padre feliz se transforma en una persona sensible hacia sus hijos y esto no es así. Como todas las relaciones sociales, la relación de pareja es vivida de manera particular. Los hijos pueden no vivirla de la misma manera que los adultos. Hay estudios que afirman que los hijos de padres divorciados que no son tenidos en cuenta en la reestructuración familiar adoptan conductas agresivas, autolesivas, adictivas, etc. Esto no es exclusivo de las familias ensambladas, también sucede en familias tradicionales con adultos que se despreocupan de los menores.

Veamos ahora en detalle los momentos de la reestructuración familiar.

Primer momento: recuperación de la pérdida

Para comenzar a formar una nueva familia es importante que el desconsuelo por la primera relación haya terminado. Muchas personas no respetan este proceso y comienzan relaciones peligrosas para compensar la falta del ex esposo/a. Si te das cuenta de que tu pareja extraña a su cónyuge, cabe la posibilidad de que esa relación no llegue a buen puerto. Hay casos que me son cercanos en los que el esposo/la esposa no dejan de pensar en su cónyuge que ha fallecido. Esto debe ser resuelto con anterioridad, aun con ayuda de especialistas.

Otros niegan la pena por la pérdida de su primer pareja hasta que empiezan a considerar un nuevo matrimonio. Y es precisamente en ese momento cuando el desconsuelo aparece. Si estás involucrado/a en una relación —y están considerando un nuevo matrimonio— resuelve este tema para no tener complicaciones en el futuro.

Segundo momento: planificar el nuevo matrimonio

Es en este momento cuando debemos abandonar los miedos. Como parte de una ruptura, quedamos heridos y sentimos desconfianza al comenzar de nuevo. Debemos evaluar individualmente si estamos preparados y con fuerzas para comenzar de nuevo. Vivir una nueva desilusión puede causar una herida más profunda que la anterior. Debemos ser sinceros. Si tenemos miedo y creemos que no funcionará es importante expresarlo a la otra persona. No es sano casarse o juntarse por obediencia a imposiciones sociales. Deben estar comprometidos, ya que, como sabemos todos los padrastros y las madrastras, no nos casamos con una sola persona, nos casamos con una familia. Consideremos lo duro que puede ser para todos una nueva ruptura.

Es esencial invertir tiempo. Muchas veces nos tiramos a la piscina sin agua. Se quiere un nuevo matrimonio sin reflexionar sobre la relación con los hijastros. Se tiene que considerar como parte de la agenda de la pareja, previo al casamiento. Pasar "tiempos compartidos" hace la diferencia en la nueva familia. A la hora de saber si es posible este nuevo entramado de relaciones, es un gran recurso tener conversaciones profundas con cada uno. Que los hijastros compartan sus sentimientos sobre la situación que viven. Algunos temen ser rechazados por el padrastro o la madrastra. Otros no saben qué sentir sobre su padre/madre biológico, que no vivirá con ellos. En los chicos se libera una lucha de lealtades. Aunque sea algo propio de su imaginación, hay que escucharlos y darles tranquilidad: no existe una guerra.

Tercer momento: reconstitución de la familia

Es aquí donde los papeles tienen que estar definidos. Todos saben cuáles son sus derechos, sus responsabilidades y sus límites. Las normas de convivencia son aceptadas por cada integrante de la nueva familia para alcanzar armonía. Cuando se llega a este momento, los padrastros y las madrastras comienzan a descansar y a disfrutar de su rol. Los hijastros se sienten menos amenazados y su padre/madre puede alegrarse de que las tormentas fuertes han pasado. Los padres biológicos que no conviven dentro de la familia deben aceptar al padrastro o madrastra como un elemento positivo en la vida de sus hijos.

Estos momentos parecen simples y lineales. Pero la realidad es que demanda un gran trabajo alcanzar la paz familiar. Los padrastros y las madrastras, al igual que cada miembro de la familia, tienen que poner su aporte para que esto llegue a ser una realidad. Depende de cada uno, depende de todos. Son parte de un edificio que ha sufrido una demolición. Día a día ponen un ladrillo para la reconstrucción. Cada integrante aporta su fuerza para que un día el edificio esté en pie nuevamente.

¿Cómo viven los hijos este movimiento familiar?

Hagamos un enfoque en los hijos de padres divorciados y veamos cómo ellos viven esta situación de movilidad familiar. Existen tres miradas que sostienen los chicos sobre el concepto de familia:

Mirada única: Ven a la familia como una sola, sin divisiones. Se aceptan los nuevos integrantes de la familia (padrastro, madrastra, hermanastros, etc.). Es el fruto de una pareja ocupada en el desarrollo de sus hijos e hijastros, con conciencia de su función parental. Esto implica haber sanado las heridas del matrimonio anterior, entender que el papel del padre biológico es secundario y que no ha desarrollado una dependencia económica en los hijos, la familia extensa tiene una actitud positiva hacia la nueva familia, etc.

Mirada dividida: Ven dos familias y se sitúan en ambas. Entienden que hay dos hogares con reglas y costumbres diferentes y se adaptan a esos cambios. Comprenden que sus padres han desarrollado una familia cada uno por su lado y se sienten pertenecientes a ambas. Todos son considerados familiares.

Mirada intermedia: Se sienten parte de la familia compuesta por sus padres y sus hermanos. Los padrastros, madrastras y hermanastros no son considerados familiares, pero sí forman parte de su familia. Extrañan que sus padres no estén juntos y se mantienen en esa tensión. La figura de los abuelos es importante para estos chicos, ya que son un puente entre las dos familias ensambladas.

Concluyo este capítulo citando a uno de mis profesores de la Universidad de Ciencias de la Familia: "Los seres humanos somos complicados, solo Dios es simple" (Dr. Selles). La multiplicidad de personas, con su personalidad, sus deseos, sus emociones, anhelos y potencialidades, nos muestra ¡cuán difíciles son las relaciones interpersonales! Tanto las familias tradicionales como las ensambladas nos demuestran que la flexibilidad, la comprensión mutua, el amor, el compromiso a largo plazo y el respeto por el desarrollo vital de cada miembro son los condimentos imprescindibles para que una comunidad de personas tenga una convivencia saludable.

PENSANDO...

A solas:

1- Contesta:

Si estoy pensando en una reconstrucción de mi vida amorosa...

a) ¿Superé el duelo por la ruptura de mi matrimonio? ¿Cómo me puedo dar cuenta?

b) ¿Reconozco que mi pareja está recuperada de su pérdida? ¿Qué indicios tengo?

Si estoy planificando mi nuevo matrimonio...

a) ¿Veo a mi nueva pareja con el rol de padrastro/madrastra? ¿Por qué?

b) ¿Estoy invirtiendo el tiempo y las energías necesarias para establecer una relación con mis futuros hijastros?

Si ya tengo una nueva familia...

¿Cuál es mi aporte diario para mejorar la convivencia?

En pareja:

Planificar momentos de intimidad para fortalecer el matrimonio.

Planificar tiempos compartidos para fortalecer la familia.

Ahora, pues, permanecen estas tres virtudes: la fe, la esperanza y el amor.
Pero la más excelente de ellas es el amor.

CAPÍTULO 9

LAS CRISIS INESPERADAS, LAS MENOS ESPERADAS

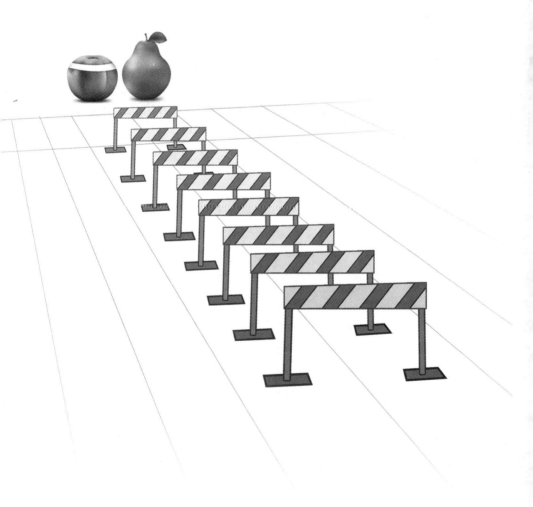

Las crisis pueden ser un pozo donde nos hundimos o un trampolín en el cual saltamos hasta llegar a donde nunca soñamos.

Las crisis inesperadas, las menos esperadas

En capítulos anteriores hemos trabajado las crisis evolutivas o esperables. Ahora es tiempo de pensar en aquellas que son inesperadas. Son los cambios que nos llegan sin avisar, que provocan ansiedad en la familia y que nos dejan perplejos. Son las crisis relacionadas con las muertes prematuras, la pérdida de empleo, el exilio forzoso, así como también el divorcio del matrimonio. Son también llamadas imprevisibles. Muchas personas se sienten abrumadas con el solo hecho de pensar en situaciones que muevan la tranquila marea de su vida. Sin embargo, podemos actuar con madurez al entender que estas crisis aparecerán, que tenemos que estar preparados y tener cierta predisposición para afrontarlas con resiliencia.

Según los especialistas, estas clases de crisis requieren una adaptación de los miembros que las viven y que, si tienen una sana relación interpersonal y flexibilidad para los cambios, pueden superarlas sin inconvenientes.

En una ocasión vino a la consulta pastoral un matrimonio de unos 60 años aproximadamente. Hacía más de una década que estaban juntos y parecía que las crisis conyugales habían desgastado su deseo de seguir juntos. De hecho, lo primero que me dijo la señora fue "Yo no quiero a este hombre, le pido a Dios, cada día, que lo saque de mi vida".

La cara del hombre denotaba tristeza, él deseaba trabajar para no perder a su esposa, pero ella parecía agotada y deseaba la ruptura. Después de agotar las instancias que se aconsejan y de algunas tareas para lograr el perdón y la restauración, volvieron a hablar conmigo. La señora, ahora con otro semblante, me dijo: "Dios hizo un milagro, me hizo dar cuenta de que era yo la que estaba equivocada y decidí cambiar para que la cosas funcionaran". Ella pudo experimentar el beneficio de la flexibilidad y la cara de su esposo era pura sonrisa. No todas las experiencias terminan igual. Hay que trabajar duro para que las crisis no ahoguen el matrimonio.

Veamos algunos de los factores que nos permiten afrontar las crisis inesperadas. En mi libro *Mi pareja, sus hijos y yo* desarrollé algunas variables que pueden ayudarnos al afrontar dichas crisis.

Factores personales:

Salud: La salud física y emocional son de gran ayuda. En las crisis se pone en juego cuán fuerte somos en estos aspectos. Es recomendable tener un estado físico sano y comer acorde a una dieta que nos permita tener suficientes energías para afrontar situaciones límite. Debemos alcanzar la estabilidad emocional. Para ello, revisemos nuestras emociones e identifiquemos aquellas que son tóxicas y que pueden jugarnos una mala pasada en momentos de conflicto surgidos en situaciones desfavorables.

Autoestima: Se define la autoestima como la confianza en nuestra capacidad de pensar, en nuestra capacidad de enfrentarnos a los desafíos de la vida. El sentimiento de ser respetables, de ser dignos y de tener derecho a afirmar nuestras necesidades y carencias, a alcanzar nuestros principios morales y a gozar del fruto de nuestro esfuerzo. La autoestima es sentirnos aptos para seguir adelante y para valorarnos lo suficiente como para no claudicar en medio del problema.

Flexibilidad: Ser flexibles nos permite no rompernos en medio de los eventos desafortunados de la vida. Si somos rígidos, duros e inflexibles, nos vemos enfrentados a las grietas de la vida, aquellas que son provocadas por el engaño, la muerte, la enfermedad, etc. La flexibilidad puede darnos margen para sufrir bien, para entender el problema, para re-interpretar el accidente, para revalorizar nuestros cuerpos, para amar en la distancia al ser querido que ya no está. Sin ella, la vida se vuelve muy dura.

Fe: Uno de los pilares de la resiliencia en medio de las crisis es la fe. La persona que practica la fe tiene, por lo general, una comunidad que puede darle sostén en medio de la tragedia. Esto permite tener esperanza y vislumbrar una salida. La experiencia de las personas de fe nos impulsa a buscar aquella fuente de confianza y experimentarla. Las personas que viven dificultades profundas encuentran en la fe un reposo para sus almas. Los especialistas en crisis, como Rich Van Pelt, afirman que una de las funciones de las personas que asisten en tragedias es la de infundir esperanza, fe y consuelo.

Factores familiares:

Familiares y parientes: En las crisis, la familia es otro de los pilares que nos sostienen. La cercanía de los padres o de algún hermano hacen la diferencia en medio del dolor. A veces desestimamos estas relaciones, sin embargo, existe un potencial factor de superación en la familia. Esto nos desafía a revalorizar las relaciones familiares y profundizar en ellas. Volver a papá o mamá en los momentos de dolor es casi instintivo y forma parte de nuestra naturaleza hacerlo. En las experiencias de aflicción, generalmente buscamos el refugio del hogar y, si ya no existe, lo echamos de menos.

Amigos y vecinos: Los amigos son otro sostén invalorable en medio de las dificultades. Su escucha y su cercanía nos permiten tratar de entender qué sucedió. Lo más fuerte de nuestras amistades es su auxilio en los momentos de mayor tensión o estrés. Allí, el abrazo sincero y la contención nos hacen fuertes. Aun el silencio de nuestros amigos nos ayuda y nos devuelve un poco de esa paz que hemos perdido. En la tradición judía, el amigo se sentaba al lado del otro en los momentos de dolor y angustia. En silencio, lo abrazaba y lloraban juntos. Pasaban las horas y el amigo, con su abrazo, su lloro empático y su silencio, hablaba más que lo que sus palabras podrían decir en esos momentos.

Factores comunitarios:

Recursos materiales: En medio de la crisis debemos afrontar momentos de inactividad provocados por el cansancio, el estrés, las pocas ganas o aun la falta de salud. Esto se traduce en una falta de ingresos, y nuestros ahorros, si los tenemos, se gastan rápidamente. Es importante contar con reservas que puedan sernos útiles en medio de la tragedia. También debemos tener presentes los organismos de ayuda disponibles en la comunidad, ya sean gubernamentales, vecinales, sociales, etc. Cuando vivimos crisis, tendemos a descuidarnos, y es importante contar con ayuda material. En numerosos casos la ayuda proviene de los familiares, sin embargo, no debemos desgastar las relaciones por cuestiones económicas.

Comunidades de fe: Los problemas nos exponen a las relaciones que hemos cultivado en el tiempo. Es en este momento donde la presencia de amigos, familiares y conocidos se hace necesaria. En ocasiones nos encontramos con poco capital social, es decir, con pocas personas en las cuales confiamos. La comunidad religiosa o de fe es uno de los refugios más valorados por las personas en crisis. La familia espiritual nos da sostén en medio de la tragedia. Nos contiene, nos ayuda, sin otro interés.

Factores culturales:

Valores: Nuestro punto de referencia en la vida está marcado por nuestros valores. Los gestos, actitudes y paradigmas que son altamente valorados en nuestra vida se ponen en juego durante una crisis. Si solo nos importa lo material, el dinero y aquellas cosas que pueden comprarse con él, sufriremos más profundamente. Un ejemplo nos lo aclara: una mujer choca el auto y su esposo le pregunta inicialmente "¿Le pasó algo al auto?" antes de preguntarle cómo está ella. Vivimos un conflicto de valores que puede jugarnos una mala pasada en medio de las tragedias de la vida. La abnegación, el contentamiento, el aprendizaje, el amor, el autodominio, la compasión, el coraje, el perdón, son algunos de los valores que debemos poner en práctica siempre y especialmente en los momentos de crisis.

Tradiciones y costumbres: Cuando fallece un judío es colocada en su loza la abreviatura ZL —*zijronó liberajá*—, que significa en lengua hebrea "Sea recordado para bendición". En cada cultura existen tradiciones para los momentos específicos de dolor: una visita, un regalo, un mensaje, una llamada, etc. Estas costumbres no están catalogadas ni reguladas, sin embargo, se hacen presentes en los momentos de adversidad.

En cada matrimonio y en cada familia están presentes estos factores. Existen situaciones donde son escasos y pueden anunciar una ruptura si no se logran adquirir aun en medio de la crisis.

Enumeramos algunas de las crisis inesperadas que pueden ocurrir en una relación conyugal.

Las crisis de la relación conyugal

Crisis relacionadas con la falta de adaptación a las etapas de la vida conyugal:

- El envejecimiento de los cónyuges.
- El estado de salud de los cónyuges.
- Las edades del matrimonio (joven, adulto y adulto mayor).
- Las edades de los hijos (niños, adolescentes, jóvenes y adultos).
- La edad de los padres de los cónyuges (comenzar a ser padres de nuestros propios padres).

Crisis por inmadurez para la vida conyugal:

- Por no tener noción de lo que significa el compromiso matrimonial.
- Por no entender la lealtad que implica un proyecto conyugal.
- Por no adoptar una conducta estable y coherente con la decisión que se tomó en el momento de casarse.
- Por no asumir las responsabilidades que conlleva el estado de la vida matrimonial: mutua ayuda, vida en común, etc.

Crisis por dependencia de los cónyuges con respecto a sus padres:

- Por no asumir su nuevo rol de esposo o esposa y anclarse en el anterior rol: hijo o hija.
- Límites hacia las intromisiones paternas en la nueva díada conyugal.
- Surgidas por las relaciones entre suegro/a y nuera o yerno.
- El amor posesivo de los padres.

Crisis por el nacimiento del primer hijo:

- Cambios en la dinámica de la pareja: pasar de un dúo a un trío.
- Descuido de la relación matrimonial por un enfoque constante en el cuidado del nuevo integrante.

- Desplazamiento del esposo en el cuidado del bebé/ niño.
- Las surgidas por la función de los padres de los cónyuges —los abuelos— sobre el nuevo integrante.

Crisis relacionadas con las problemáticas de los hijos adolescentes:

- Las surgidas por el crecimiento de las redes sociales de los hijos (amigos, escuela, etc.).
- Las surgidas por la autoafirmación de los hijos y los límites parentales.
- Las surgidas a partir de las nuevas actividades sociales de los hijos (salidas, bailes, etc.).
- Las surgidas por desconocimiento del desarrollo integral de los adolescentes (sexualidad, fisiología, educación, etc.).

Crisis por emancipación y retraso de la emancipación de los hijos:

- Temor al "nido vacío" o, mejor dicho, al "reencuentro" de la pareja.
- Los temas surgidos por la emancipación conflictiva de un sistema familiar cerrado.
- Temor a que los hijos hagan un uso inapropiado de su libertad.

A estas crisis podemos sumarles las referidas a la comunicación conyugal potenciadas por actitudes defensivas, evasivas o indiferentes frente a las necesidades del otro, como también las surgidas por los celos, la incomprensión, la intolerancia y la falta de aprecio. Otras pueden aparecer por situaciones disfuncionales como la insatisfacción sexual, la infidelidad (ya tratada en uno de los capítulos de este libro), las relacionadas con el trabajo, el dinero y la desaparición del amor.

Las crisis son parte de la vida conyugal, como también la capacidad de ambos cónyuges para salir adelante frente a los inconvenientes. Para que esto sea posible será vital la relación matrimonial y las fortalezas marcadas por los factores antes descritos.

PENSANDO...

A solas:

1- Contesta:

¿Cuáles son las crisis que ya viví?
¿Qué factores me ayudaron a salir?
¿Qué crisis estoy viviendo actualmente?
¿Cuáles son los factores personales,
familiares, comunitarios y culturales que
tengo para enfrentarla? Énuméralos.
¿Qué estoy haciendo para superarla?

En pareja:

Separar un tiempo para conversar sobre las crisis que cada uno vive.

Buscar juntos la salida posible.

Recordatorio diario:

*De hacer el bien
y de la ayuda mutua no se olviden.*

CAPÍTULO 10:

¿QUÉ DIFERENCIA A UN MATRIMONIO GENIAL DE UNO DESASTROSO?

El amor conyugal es una locura singular donde dos personas deciden unir sus vidas con el objetivo de disfrutarse el uno al otro.

¿Qué diferencia a un matrimonio genial de uno desastroso?

Pocas personas se preparan para el matrimonio. Se les dice: "Cuando llegue la persona indicada para ti lo sabrás; entonces, ocurrirá el milagro y vivirán felices para siempre". De algún modo, nuestra sociedad transmite el mensaje de que el matrimonio funciona mágicamente si se concreta entre las personas "adecuadas". Y si no funciona, se debe a que ninguna era la "correcta" para la otra.

Pareciera que el azar determina nuestro matrimonio. Sin embargo, pensar que el buen agüero es quien prefija nuestra felicidad matrimonial es una falacia. Cuando dos personas deciden compartir su vida, unir sus biografías y proyectarse juntas, son responsables de que las cosas funcionen. No es mera casualidad. Ambos construyen los muros que sostienen la relación. Juntos trabajan en pos de esta misión, día a día, codo a codo.

Los matrimonios geniales han sido, en menor o mayor medida, planificados o, al menos, pensados. En contraposición, los desastrosos no han tenido un tiempo de reflexión sobre la relación a largo plazo y el compromiso que esta conlleva. En algunas ocasiones, uno de los involucrados se ha preparado, mientras que el otro ha dejado que la suerte se adueñe de su futuro.

¿Cómo son los matrimonios geniales?

¿Qué los caracteriza y los hace diferentes de los desastrosos?

Un matrimonio genial es, singularmente, una relación...

Donde la entrega hacia el otro es completa: Esto significa que la donación de uno hacia el otro involucra aspectos bio-psico-socio-espirituales. Los esposos encuentran que el otro no es totalmente conocido. Día a día se descubren, se investigan y se enamoran. Los seres humanos somos inagotables y podemos sorprender. Estas ansias de conocimiento y de disfrute son propias de una relación matrimonial. Cuando esta curiosidad amorosa no existe, la rutina puede opacar la convivencia. En este descubrimiento también encuentro facetas de la otra persona que no me agradan. Es aquí donde la aceptación del otro se pone en juego. Cuando nos casamos con alguien, nos casamos con sus luces y con sus sombras, con sus aciertos y con sus errores. Recordemos que las sombras nunca deben atentar contra la integridad de otro.

Donde se crea una nueva comunidad (única e irrepetible): Crear un nuevo concepto de convivencia donde existan normas, roles y funciones establecidas es propio de una relación donde personas con diferentes crianzas, lazos sanguíneos e historias se unen por medio de una decisión consciente. Ambos esposos desean salir de su familia de origen para formar un lazo matrimonial que pueda crear una nueva familia. Esto incluye la disposición a tener hijos que le permitan al matrimonio dejar un legado que los trascienda. Para que esto sea posible, los esposos deben tener madurez para dejar de depender de los lazos paternos-filiales (mamá y papá) y planificar una nueva comunidad familiar.

Donde le entrego al otro mi biografía: Es entregar al otro mi pasado, mi presente y mi futuro. Cuando tomo la decisión libre de casarme le estoy diciendo al otro que voy a compartir mi vida con él/ella. Se espera, por supuesto, que ambos tomen este compromiso. En el matrimonio, los terceros son terceros. Desde la secretaria hasta el jefe, desde los abuelos hasta los hijos. Cuidemos, sobre todas las cosas, la relación matrimonial. Quizás parezca una afirmación extrema, pero cuando se desenfoca el matrimonio este se empobrece y, además, todas las otras relaciones se ven afectadas. Nuestros hijos disfrutan cuando ven a sus padres que se divierten y se respetan. Nuestros padres le dan gracias al cielo cuando la relación de sus hijos es estable y comprometida. Las secretarias y los jefes (y cualquier otra persona) dejan de ser una amenaza cuando el matrimonio está fortalecido.

Donde los involucrados se miran de manera positiva: Los matrimonios geniales están compuestos por personas esperanzadas en el otro. Es decir, ven el potencial a desarrollar y tienen una actitud de valoración permanente. Creen en la mejora del otro y a diario se lo hacen saber. Entienden que no animan ni elogian "porque hay que hacerlo", sino porque "desean hacerlo". Los matrimonios geniales destacan, enmarcan y comunican todo lo positivo del otro, haciendo que la vida sea más dulce. Los matrimonios desastrosos, en cambio, tienen como rutina "mirar la paja del ojo ajeno" y no ayudan a sacársela.

Donde los esposos buscan ser inteligentes emocionalmente:
Tienen la capacidad de armonizar cabeza y corazón, raciona-
lidad y emotividad. Buscan entender los sentimientos propios y los ajenos. Es una inteligencia que desarrollamos para
comprender al otro y poder resolver los conflictos sin terminar en una guerra. Los esposos que planifican su matrimonio
saben que no es posible convivir, crear una comunidad y disfrutar de la vida junto al otro sin condimentos como la auto-
conciencia (darse cuenta a tiempo de las emociones que uno
tiene y de dónde provienen), el autocontrol (poder gobernar,
no reprimir, las emociones propias), la automotivación (tener un sentido para la vida fundamentado en los valores), o
la empatía (comprender a la otra persona y hacer que se sien-
ta comprendida), y tienen habilidades sociales (capacidad de
resolver conflictos, de relacionarse con personas diferentes y
de no aislarse).

Donde la presencia es constante: Los matrimonios geniales
demandan tiempo, tanto en calidad como en cantidad. En
los matrimonios desastrosos, lo primero que se deja de compartir es el tiempo en cantidad. Calidad y cantidad pueden ir
de la mano. Implica repensarse aspectos como el laboral, el
económico, la aceptación de proyectos o tareas en la comunidad religiosa, entre otros. Esta presencia también requiere
una inversión de tiempo, dinero y fuerzas para que los involucrados disfruten de estar juntos. Que tengan como objetivo
enriquecerse y darse un plus de atención para que el tanque
de la relación esté lleno continuamente.

Donde es posible el reestreno del amor: Amor significa "sin
muerte". Es una palabra que denota un esfuerzo activo contra el odio. Los matrimonios geniales son el termostato de

la familia, regulan la temperatura del hogar con sus demostraciones continuas de amor. Los matrimonios desastrosos son meros termómetros que miden la temperatura, no la determinan. En esta diferencia reside la seguridad familiar. Debemos pensar qué acciones realizamos para que la necesidad de sentirnos amados sea satisfecha. Al acercarnos emocionalmente, actualizamos el amor. Implica ajustes y desafíos. Amor es "dar vida", y la misión de ambos es mantener la llama prendida. No es posible avanzar sin amor. Los años, los conflictos, las heridas y las situaciones no resueltas desgastan la relación, por eso se debe luchar por ella. Buscar cambiar hábitos y abrirse a una autoevaluación (reconocer los errores). Los matrimonios geniales consideran su matrimonio como primordial. Los matrimonios geniales trabajan para que "la cosa se ponga mejor" cada día que pasa.

Donde existe el perdón como recurso sobrenatural: Me gusta definir el perdón como un recurso dado desde el cielo para las heridas provocadas en la tierra. En otras palabras, es un recurso sobrenatural para las heridas naturales. Los matrimonios geniales pueden reinventarse aun en medio del dolor. Pueden sobrevivir a situaciones, heridas y circunstancias de las más adversas. No por sus capacidades, sino por tener una espiritualidad basada en el perdón; no por los méritos de los esposos, sino por la capacidad de hacer "borrón y cuenta nueva". Los matrimonios geniales saben que perdonar es un recurso invalorable para seguir disfrutando de su relación.

Donde Dios es quien está uniendo, acompañando y fortaleciendo: Los matrimonios geniales tienen una clara convicción: su relación trasciende el tiempo y el espacio. Los esposos saben que su unión no es pasajera (nadie se casa para separarse), que desean una procreación segura (una capacidad dada por Dios para los que se unen en matrimonio, ya que se asegura así la llegada de un bebé a una comunidad que naturalmente lo recibe, lo ama, lo educa y lo potencia). Y que la compañía sobrenatural es necesaria en medio de la paz y en medio de las crisis. Está comprobado que los matrimonios que tienen una fe activa y que son parte de una comunidad religiosa tienen mayores recursos afectivos y relacionales para disfrutarse y hacer frente a los embates de la vida.

Donde se comparten valores: Un matrimonio sin valores es como un barco a la deriva. Los valores no son afirmaciones bonitas que se cuelgan en un cuadro ni principios solemnes que se predican cual sermón religioso. Son acciones que desnudan nuestras intenciones más íntimas. Los valores se respiran, se ven y se materializan en el trato con los demás. Los matrimonios geniales establecen qué valores cultivan como pareja y transmiten a su familia. ¿Cuáles valores? El buen trato, la comunicación constante, la solidaridad en los quehaceres domésticos, la toma de decisiones compartidas, el fortalecimiento de las relaciones externas (familia extensa, amigos, etc.), la espiritualidad vivencial, el cuidado del uno por el otro, etc.

Donde hay límites: Establecer límites es esencial. Al convivir, muchas veces los límites comienzan a ser difusos y se dejan de aceptar ciertas limitaciones que uno u otro necesita. Los matrimonios geniales están compuestos por personas que saben decir que sí y también que no. La experiencia nos dice que las personas que no saben decir que no son explotadas aun en los ambientes que naturalmente deberían cuidarlas, como el matrimonio o la familia. Los límites significan respeto hacia los demás, pero también hacia uno mismo. Los matrimonios geniales acuerdan los límites que tendrán para no chocar constantemente.

Donde existe capacidad de resiliencia: Los matrimonios geniales se dotan de recursos para enfrentar la adversidad, reconociendo que atraviesan las crisis evolutivas y que también llegarán las inesperadas. Crean espacios donde cada uno puede expresar abiertamente sus sentimientos, donde la colaboración del otro es fundamental para resolver los problemas, donde se es parte de una comunidad ampliada (amigos, familia extensa, comunidad de fe, etc.). Los matrimonios geniales se fortalecen y están preparados de forma consciente para cualquier situación que les toque enfrentar.

Donde no falta la diversión y el buen humor: La risa activa el sistema inmunológico, de manera que contrarresta los efectos que produce el estrés. Las respuestas fisiológicas del organismo a la risa son impresionantes: entre otros efectos está la producción de endorfinas y la relajación muscular, que producen una sensación placentera. La calidad de vida aumenta, incluso en algunos casos se ha visto notoriamente una disminución del dolor crónico. Los matrimonios geniales se ríen a pesar de las dificultades. Tienen gozo permanente, porque saben que la vida debe disfrutarse día a día. Que la felicidad no es un estado permanente, sino un camino que se recorre y se conquista a cada minuto. Los matrimonios geniales saben que no hay que estar preocupados por lo que van a comer o van vestir, sino en disfrutarse y tener sexo, ya que la vida en esta dimensión es corta.

PENSANDO...

A solas:

Contesta:

¿Cuáles de estas características tengo en mi matrimonio?

¿Cuáles me parece que tenemos que desarrollar? ¿Cómo? Escribe ideas prácticas.

En pareja:

Tener una segunda, tercera, cuarta... luna de miel. De ser posible, una cada año.

Canción del matrimonio genial:

Grábame como un sello sobre tu corazón; llévame como una marca sobre tu brazo. Fuerte es el amor, como la muerte, y tenaz la pasión, como el sepulcro. Como la llama divina es el fuego ardiente del amor. Ni las muchas aguas pueden apagarlo ni los ríos pueden extinguirlo. Si alguien ofreciera todas sus riquezas a cambio del amor, solo conseguiría el desprecio.

Últimas palabras:

Hemos llegado juntos al final de este camino. Como autores queremos animarlos a que disfruten de sus matrimonios, ya sea que recién comiencen, ya sea que tengan muchos años juntos. Que cada día puedan renovarse y que, cada uno por su lado, le dé al vínculo un soplido, animando la llama del amor.

Si existe amor verdadero entre dos personas, nada de lo que pueda pasar puede intimidarlos. Por el contrario, los fortalecerá para enfrentar lo que atente sobre esta relación tan primigenia, deseada por la humanidad y que, además, tiene un toque celestial.

Nuestras oraciones por su matrimonio y familia.

Gabriel & Eli Salcedo
(GAD)

Agradecimientos

De Gabriel

Un libro es un trabajo de equipo. Uno no puede pretender hacerlo solo, ya que sería, por un lado, una tarea imposible y, por otro lado, muy aburrida. Por esto mismo quiero dar gracias a la gente que me ha acompañado en este proceso.

En primer lugar, quiero dar gracias a Dios por tener una sensibilidad especial hacia la familia y los desafíos que tiene por delante. Veo que está totalmente enfocado en ayudar con sus capacidades sobrenaturales a las personas que desean tener una familia medianamente saludable.

En segundo lugar, quiero agradecer a mi correctora preferida (que también es mi amante... y mi esposa). Elisabeth, gracias por ser una persona increíblemente amorosa conmigo y sincera con mis errores, combinás muy bien estas dos armas que me derriten.

En tercer lugar, quiero agradecer a mis hijastros (o hijos del corazón) Teté, Iván y Astrid por soportarme por más de 10 años, y a mi hijo Agustín porque ha aprendido de sus hermanos a hacerlo muy bien.

En cuarto lugar, a Iván y Flor Tempra por sus oraciones y su amistad incondicional.

Por último, quiero agradecer a Ronaldo y a Gloria Edgecombe por darnos de su tiempo en aquellas aventuras en los campamentos de verano en la playa y dedicarnos horas y horas de lindas conversaciones sobre la vida.

De Elisabeth

Me sorprenden los matrimonios que disfrutan de su vida.

Quiero agradecer a aquellos que me impactan por su relación conyugal: a Rubén y Nelly Del Ré, a Jorge y Norma Panero y también a Ronaldo y Gloria Edgecombe.

De cada pareja obtuve indicios sobre cómo tener una matrimonio genial. Gracias a Dios, con Gabriel podemos vivirlo de esa manera.

Sobre los autores

Gabriel y Elisabeth son esposos. Se dedican al cuidado pastoral de adolescentes y jóvenes en diferentes espacios institucionales desde hace más de 10 años.

También se han involucrado en acompañar a familias de diferentes contextos con asistencia preventiva.

Tienen una familia ensamblada y disfrutan de convivir con sus hijos.

Gabriel es parte del equipo ministerial de la Iglesia Presbiteriana San Andrés desde hace varios años y colabora con el desarrollo de proyectos educativos para instituciones laicas y religiosas que desean tener programas de cuidado comunitario a largo plazo.

Ha sido profesor de Literatura por varios años en escuelas secundarias, ha estudiado Teología en su país y en el exterior, y ahora está a un paso de convertirse en Orientador Familiar.

Es un orador incansable en eventos juveniles y de capacitación del liderazgo y de la familia.

Escribe desde hace varios años, y como fruto de sus largas horas de tipeo han surgido más de diez libros de su autoría.

Elisabeth es profesora de Ciencias Sociales desde hace más de 20 años y le fascina compartir con los preadolescentes y adolescentes sus días en las aulas.

Es instructora de cursos para maestros de niños y productora de material educativo. Es una oradora increíble, con gran sensibilidad hacia las personas, y también es genial pasar tiempo con ella cara a cara.

Junto a su esposo disfruta de dar talleres, capacitaciones y charlas a matrimonios y familias. Es autora de varios libros junto a Gabriel.

Para contactarte con ellos:

Elisabeth
Mail: yosoyeligonzalez@gmail.com
Facebook: www.facebook.com/yosoyeligonzalez

Gabriel
Mail: pgsalcedo@gmail.com
Facebook: www.facebook.com/pgsalcedo
Twitter: @pgsalcedo

Bibliografía

ALVIRA, R.: *El lugar al que se vuelve*, EUNSA, Navarra, 2010.

CASTILLO, G.: *Anatomía de una historia de amor*, EUNSA, Navarra, 2002.

ISAACS, D.: *La educación de las virtudes humanas y su evaluación*, Minos, México, 2011.

MINUCHIN, S.: *Familias y terapia familiar*, Gedisa, Barcelona, 2009.

OTERO, O. F.: *La libertad en la familia*, EUNSA, Navarra, 1990.

PITTMAN, F.: *Mentiras privadas*, Amorrortu, Buenos Aires, 1989.

SAGER, C.: *Contrato matrimonial y terapia de pareja*, Amorrortu, Buenos Aires, 1976.

SALCEDO, G.: *Mi pareja, sus hijos y yo*, URANO, Buenos Aires, 2012.

VIORST, J.: *Matrimonio adulto*, Planeta, Buenos Aires, 2007.

WALSH, F.: *Resiliencia familiar*, Amorrortu, Buenos Aires, 1998.